我，真的比不上嗎？

虛榮心理學

Vanity Psychology

李少聰 著

前言

虛榮心，從心理學角度來講，是一種追求虛榮的性格缺陷，是一種被扭曲的自尊心。為了滿足內心的虛榮，有人迷戀「顏值」而瞞著親人去整容；有人不分場合地炫耀「我爸是×××」式的出身；有人追求各種名牌來顯示高貴的身分，有人處處炫耀自己的經歷和學識……但這種虛榮最終會使我們在生活中狼狽不堪。

虛榮使人與淺薄為友。虛榮的人經常擺出一副「上知天文，下知地理」的姿態，無論什麼領域的話題，都能做到侃侃而談，唯恐別人發現自己學識的寡陋。即使對自己知之甚少的話題也要強行議論一番，評說一通。然而，這種行為無異於嘩眾取寵，刻意暴露自己的淺薄。

虛榮令人私欲膨脹。他們為了滿足自身對榮譽的渴望，往往不擇手段。比如，為了成全自己的才華，不惜盜用他人的研究成果，或者在一個團隊耗費無數心血迎來成功之後，搶佔一個席位。他們並不是為心馳神往的理想而追求，而是在虛榮中享受虛假的榮耀，最終失去了真誠，也失去了尊嚴，徒留一張空虛且蒼白的人生畫卷。

虛榮使人走向虛偽。他們熱衷且擅長自我誇耀，通過吹噓、掩飾等手段提高自己的身分和地位，比如，吹噓自己擁有顯赫的家世、身居要職的朋友等。

除此之外，他們敏感且脆弱，內心時常出現嫉妒的衝動，排斥、疏遠、打壓某方面比自己優秀的人，在無意間損害對方的利益。奉承和恭維的話是他們最可口的「甜食」，一旦有人反駁他們的觀點或當面提出建議，他們馬上就會變得怒不可遏，因此，圍繞在他們身邊的只是一些見風使舵、溜鬚拍馬的「小人」。

法國哲學家柏格森說：「虛榮心很難說是一種惡行，然而一切惡行都圍繞虛榮心而生，都不過是滿足虛榮心的手段。」這是由於虛榮心會不斷放大一個人的邪念，致使其喪失理智，做出某些令人抱憾終生的事情。虛榮心於人、於己、於社會都是一種危害，我們有必要學會克服自己的虛榮心。

首先，我們需要瞭解虛榮心產生的原因。虛榮的背後，隱藏的是自卑心理、補償心理、面子心理等。它們是造就虛榮的心理動機，在它們的糾纏之下，我們開始逐漸變得或迷茫或肆意，最終陷入虛榮的漩渦中。

虛榮只是一個面具，而我們所構建的幻想不過是自欺欺人、哄騙他人的一種手段而已。當虛偽的真相被揭開，我們所營造的「努力」「幸福」「學歷」「人脈」和「精緻的生活」，都會成為別人眼中的笑料，帶給我們無盡的羞恥感。

虛榮的人往往過於追求名利，以滿足自身的欲望。比如，物質本是人們賴以生存的基礎，但隨著時代的發展，物質逐漸成為生活品質的體現，身分地位的象徵，而這種錯誤認知就滋生出了貪婪。擺脫虛榮就要走出認知誤區，正確看待這些欲望。

一個人的欲望是多方面、多層次的，我們可以儘量滿足高層次的欲望追求，但一定要用正確的倫理標準、健康的生活方式來規範自己，控制欲望有利於人生在發展的軌跡上運行。欲望是天使，也是惡魔，只有理性才能使它散發耀眼的光芒。

虛榮的人，內心一般十分空虛，要告別虛榮就要充實內心。心理醫生畢淑敏說：「人生本沒有任何意義，但我們每個人要為自己確立一個意義。」所謂意義，是指一個人安全感、成就感、存在感的集合，也可以理解為一個人從與他人和世界之間的聯繫中獲取的心理安慰。而賦予意義就是將自己的注意力集中在追求喜悅上，就像多讀書、享受工作和生活、專注於努力、關注自己的內心等，都能夠打造內心的富足感，彌補內心的空虛。

虛榮的背後也是過低的自我價值感，是對他人讚美、嫉妒、關注的極度渴望。阿蘭・德波頓將此稱為「渴望世界之愛」。只有悅納自己，才能重建自我價值感，走出虛榮困境。我們要認清並接納自身能力，不要因能力不足而變得自暴自棄。就像有些人在面對困境時，不思進取，反而在各種場所尋歡作樂，盲目取悅自己。

然而，這種自欺欺人的「快樂」終究會招致更大的痛苦。與其將評判自己的標準交給別人，不如將目光看向自己，發掘自身的優點，嘗試著接納自己。悅納自我比取悅他人更有力量，只要接納自己的缺陷，接納自己的不完美，我們就會發現生活的美好和人生的價值。

本書從生活中真實的案例、小說或影視作品中塑造的人物入手，進行深度剖析，幫你找出導致虛榮產生的原因，並針對性地給予實戰技巧，幫助你儘快脫離虛榮。

目錄
Contents

第三章 虛榮背後的心理動機 75

第四章 揭開假自我的面紗，面子不是偽裝來的 103

目錄
Contents

第六章　減少盲目比較，擺脫虛榮帶來的焦慮 183

第七章　打造富足感，彌補內心的空虛 217

目錄

Contents

第一章 虛榮就是扭曲了的自尊心

虛榮心人人都有嗎

有些人喜歡在別人面前誇耀自己昔日的經歷或如今的輝煌成就，喜歡炫耀自己有財力、有名氣、有地位的親朋好友，喜歡追求超出自己能力範圍的物質……人們將這種行為看作虛榮的表現，然而「虛榮」卻並不只如此，生活中的瑣碎小事處處隱藏著虛榮的痕跡。比如在朋友圈中曬自己的購物戰利品，曬社群交友人數，曬上健身房減肉的成果等。這些看似稀鬆平常的行為其實都是在向他人展示自己的優越感。每個人都有虛榮心，只不過追求虛榮的程度不同罷了。

每個人的優點和不足都不盡相同，在深入瞭解之後，我們才能發現對方身上的優勢或缺陷，比如友善、聰慧、吝嗇等。但是，如果一個人單純地站在我們面前，他的能力或天賦是無法被我們察覺的，這也就意味著每個人的優點只有展示出來才是自己的優點。

心理學家傑佛瑞・米勒認為，每個人與他人競爭的過程，不僅是內在實力的競爭，也需要通過向周圍的人展示出自己的「優勢」來競爭。而這種「優勢」能夠讓他人更明確地瞭解一個人的實力和價值。然而，在這種認知的引導下，真實的能力開始變得模糊，甚至無足輕重。當你沒有優勢時，也可以為自己偽裝出優勢，同樣也能夠獲得相應的結果，虛榮由此產生。

虛榮心是一種對榮譽的過分追求，本質上是一種「利己主義」的情感反應。這種「利己主義」在每個人身上都有所體現，就像男性追求名譽、地位、金錢，女性追求穿戴、容貌、伴侶一樣。在社會發展的推波助瀾之下，人們的需求已經不僅只是解決溫飽問題，更多源自精神享受。其中最主要的是對自尊的需求，因為每個人都存在這種需求。而虛榮恰恰是一種維護自尊心的表現，只不過它採取了一種區別於社會日常許可的形式罷了。

一個人追求虛榮、沉浸在自我構建的虛假環境內，很容易引發心理問題。但是，導致心理扭曲的因素並不是「幻想」，而是「沉浸」，也就是說單純地為自己編織一個美好的願景，這並不是一件壞事，將虛幻當作真實才是最可怕的結果。過度追求虛榮的人往往從個人利益出發，追求一種短暫且虛假的心理滿足，通過自欺欺人，弄虛作假來達到博得周圍人讚賞和羡慕的目的。長此以往，他們會完全喪失從行為的社會價值來評判自身行為的能力。

虛榮為人們帶來嚴重影響的因素不在於「榮」，而在於「虛」。追求榮譽原本是一件值得肯定的事，而試圖跳過努力的過程，通過偽裝直接獲得期望的結果才是真正的癥結所在。

虛榮心本是自尊的產物，是每個人身上都存在的東西，我們只要理性看待內心的虛榮，就能夠把握好其中的尺度。

1. 瞭解自己

一個人究竟擁有多大的能力，是一個只有自己才能知道的問題。對於存在虛榮心理的每個人來說，正確認識自己是一件非常重要的事。只有清楚地認識到自己的優缺點，才能很好地給予自己正面暗示，在其他人面前更加自信，同時，也不會在讚美的愉悅中陷入迷失自我的漩渦。

2.正確看待自己

我們需要從自己的社會價值看待自己，而不僅僅只是個人價值。相較於社會價值，一個人的個人價值更容易得到滿足，有些人之所以沉醉在虛榮中無法自拔，就是因為總是以個人價值作為評價標準，在得到他人的讚賞和羨慕之後，內心就能夠得到滿足。如果我們總是將「虛榮」關注在個人價值上，就會導致自身的眼界越來越窄，無法對自己進行合理且積極的暗示。

3.坦然看待失敗

對個人成長而言，成功和失敗並非絕對對立且非黑即白的兩件事，很多人總是在遭遇失敗之後，習慣性自我打擊，喪失自信，並通過掩飾弱小、偽裝強大來改變他人對自己的看法，其實這是完全沒有必要的。對我們來說，坦然看待失敗，一個人的價值並不會因某些失敗而降低。

虛榮心，人皆有之。如果一味將虛榮心歸結為惡劣的負面心理，難免有所偏頗。我們要知道，一個人的虛榮心如果運用得當，完全能夠轉化為追求美好願景的動力。

傳說中的「虛榮效應」

iPhone手機一直是一款熱門的產品，相較於手機性能，iPhone 14 與 iPhone 13 的差距並不大，時隔不久，蘋果官方又推出了 iPhone 15，然而，每一次新品發表時，很多人都會選擇入手一部最新款、最熱門的蘋果手機，因為在大多數人眼中，只有這樣才符合自己的身分，才更有面子。而這就是由「虛榮效應」所導致的。

「虛榮效應」是一個很普遍的現象。某款產品問世之初往往都會遭遇「虛榮效應」，即使此類產品並不能為人們帶來太大的作用。在二十世紀九〇年代初期，手機剛剛進入市場，由於技術水準限制，當時的手機經常沒有信號，電池壽命也短。但依然有很多人將其視為身分的象徵，神采飛揚地拿著手機在街上打電話。類似的產品還有電腦、汽車等。而這一效應也逐漸成為很多商家促進商品銷售的手段，如瑞士的名錶，通過限制產量，提供一些附加服務來提高其獨特性，來滿足消費者的虛榮心。

擁有一定經濟能力的人，一般不喜歡出現與大眾相似的消費行為，這種情況就可以稱作「虛榮效應」，泛指個體在購買商品時追求與眾不同的現象。對於某些虛榮的人而言，一旦自己使用的產品普及，他們就會迅速更換一款新產品，就像一群烏鴉突然湧入了某個地方，而當地的白鷺就會飛走，所以，這一效應又被稱為「白鷺效應」。

之所以會出現「虛榮效應」，是因為某款獨一無二的商品所具備的特權、地位的象徵以及排他性能夠帶給擁有者虛榮心的滿足。一款商品的擁有者越少，人們對這件商品的渴望也就越強烈。比如某位藝術家的作品，限量版的跑車和服裝。

這也就導致了某款高級商品剛剛上市就會被一掃而空，因為並不是所有人都能夠享受到擁有這款高級商品的榮耀。一旦這款商品逐漸滿足大眾消費水準，即使內心再喜歡，他們也會隨之放棄消費，因為人人都能夠擁有的商品是無法帶給人們榮譽和高檔的感覺的。

美國經濟學家哈威・萊賓斯坦曾提出因他人的購買行為而增加購買意圖的經濟學「從眾效應」，而「虛榮效應」恰恰與之相反，個體會因他人的購買行為而減少購買意圖。當一件商品越是以個人消費為主，「虛榮效應」會越明顯；反之，即使價格高昂，也無法引發「虛榮效應」。這也就意味著「虛榮效應」的本質是對稀缺性和獨特性的追求。

「虛榮效應」是一種出於虛榮心的非理性消費，對一個人的心理健康和生活會產生一定的衝擊。所以，我們要正確認識到理性消費的重要性，將自己的錢花費在真正實用的地方。

1.避免衝動消費

「衝動消費」是指一種沒有計劃或意識，因外界因素刺激而產生的購買行為。尤其是在負面情緒嚴重影響到個人判斷時，個體為了發洩內心的情緒而盲目購買商品。當自己清醒或冷靜之後，又會為自己的行為感到後悔。所以，當我們在內心情緒出現較大波動時，一定要學會保持冷靜，控制自己的行為。

2. 考慮需求程度和商品價值

我們產生購買的欲望時，首先要判斷是喜歡還是需要。如果我們只是喜歡這件商品，而它卻沒有太高的使用價值，可以嘗試等一天，告訴自己明天再買，如此反覆，直到降低內心的購買欲望。如果我們對某件商品產生需求，可以從它的價格、性價比方面入手尋求合適的商品，儘量不去觸碰華而不實的奢侈品。

但我們也不需要總是刻意選擇一些廉價的東西。俗話說：「一分價錢一分貨。」有時候，一件商品的性價比也是很重要的，比如長期使用的電子產品，低廉有時候也意味著性能低、壽命短，影響個人的使用體驗。可見性價比的重要性。

3. 考慮自身經濟能力

在購買商品時，一定要考慮自身的經濟能力，提前列出購買清單，做好購買預算，控制消費的順序，通過將各種商品的需求程度分為主次，達到控制自己的消費水準，從而理性消費的目的。

愛因斯坦曾說：「簡單純樸的生活，無論在身體上還是精神上，對每個人都是有益的。」我們要學會發現生活中的小美好，而不必將內心所有的滿足都寄希望於虛榮。

虛偽與虛榮之間的差別

當人被一種工於心計的虛榮心掩飾真實的自我，口蜜腹劍，遊走於人群之中，肆意獵取自身的利益時，虛榮也就變成了虛偽。最可怕的是，一個虛偽的人往往是不自知的。

鄭淵潔在一次作家筆會上被一位作家問道：「你有沒有讀過陀思妥耶夫斯基的書？」鄭淵潔搖了搖頭，表示自己沒有讀過，對方十分震驚，又問道：「俄國文學的經典之作，你都沒有看過，那你是怎麼寫作的？」

等輪到鄭淵潔發言的時候，他說：「我最近在看庫斯卡雅的書，特別受啟發，諸位都看過嗎？」在座的大部分人紛紛點頭，然而鄭淵潔卻解釋說：「庫斯卡雅這個名字是我瞎編的，俄羅斯根本沒有這個作家。」從此，鄭淵潔再也沒有參加過作家筆會。

虛榮不可怕，可怕的是虛偽。心理學家表示，虛偽的人往往不真實，他們工於心計，將禍心隱藏在和善之下，為了利益不擇手段，前一秒和你推杯換盞，下一秒就可以與你刀劍相向。而且，他們最擅長站在道德的制高點打擊他人，像那些以鍵盤為武器的「道德綁架者」，時刻擺出一副悲天憫人的姿態，抨擊別人。然而，一旦相似的事情發生在這些人身上，他們立刻就會換一種說辭，其本質在於對個人利益的追求與維護。

虛偽起源於一個人的欲望，也就是心理學家佛洛伊德所提出的「本我」，是指生理或心理上的欲望，而一個人的「超我」，即道德方面的約束，造就了虛偽。我們一方面需要滿足自己的欲望，另一方面也要控制好「超我」，兩者之間必然發生矛盾，虛偽就是平衡兩者的一種方式。

比如一個人聲稱自己的擇偶標準是善良大方，但實際上，「顏值」不高的女性已經被他從目標人群中清除了出去。他的真實標準是為了尋找善良大方且年輕漂亮的女性，但為了避免出現不好的輿論和風評，他就會選擇隱藏一部分標準。

雖然虛榮本身也源自一個人的欲望，但他們往往貪圖的並不是利益，而是一種虛假的名聲，從外界的認可與讚美中獲得極大的心理滿足，進一步刺激自我表現欲望，產生相應的外在行為。愛慕虛榮的人一般長期忽視精神訴求，從而導致自我溝通出現障礙，無法正確評估自身價值，只能通過外界的評價和尊重來確認自己的存在。說到底，虛榮是一種由外而內的追求，因外界的壓力而渴望獲得心理滿足；而虛偽則是一種由內而外的追求，因個人的貪念而去搬弄是非。

虛偽的人最恐怖的地方在於，他們能夠用語言代替行為，用虛假代替真誠，給所有人一副楚楚可憐的假象。比如他會時常問你究竟需不需要幫忙，但永遠不會伸出援手；他可能會說想你很久了，但一個消息都不會給你發。

當一個人的內心十分虛偽時，生活中就會被虛偽的思想、認知、行為所籠罩。久而久之，他的道德層級就會降低，內心的真善美逐漸迷失，整個人變得扭曲。格拉寧說：「**虛偽不可能創造任何東西，因為虛偽本身什麼也不是。**」對於待人處世，很多人都看重真誠，避諱虛偽。所以，我們在交往的過程中要認真反思自己，避免成為一個虛偽的人。

一個人的虛偽往往是為了謀取某些利益而做出的偽裝，其根本在於內心的欲望。滿足內心欲望的方式有很多種，但虛偽是一種比較容易實現的方法。長此以往，我們就會開始習慣虛偽，從而陷入惡性循環。想要避免虛偽，控制內心的欲望是最關鍵的一點，要平心靜氣，避免自身的功利心過於膨脹。

每個人都存在一種報復心理：如果你欺騙我，那我欺騙你又有何妨。當這種認知上升到價值觀方面時，如果你認為周圍的事物都是虛偽的，你也就會不自覺地用虛偽來對待世界。所以，我們要用善意的眼光去看待這個世界，保留內心的一絲純真，真誠地對待生活、對待他人，生活就不會辜負我們。

在交往過程中，我們不要一味考慮自己的感受，要多站在對方的角度上看待問題，不能活得太自私。想要與他人建立一段良好的關係，就需要先學會認可自己、認可他人。

有一句話說：「真正的英雄主義，是在看清了生活的本質之後，依然熱愛生活。」所以，我們不能因深陷在他人的虛偽中而選擇變得虛偽，如果身邊的一些人或事違背了我們內心的意願，我們大可以沉默或逃離，做一個「知世故而不世故」的人，用自己的赤誠之心對待整個世界。

虛榮和驕傲的本質區別

簡・奧斯丁在《傲慢與偏見》中，對虛榮和驕傲給出了自己的觀點：「虛榮與驕傲是兩個不同的概念，雖然這兩個字眼經常被當作同義詞混用，**一個人可以驕傲而不虛榮。驕傲多指我們對自己的看法，而虛榮多指我們想要別人對我們抱有什麼看法。**」

簡單來說，虛榮和驕傲的本質區別在於：驕傲是一個人相信自己在某方面擁有獨特的價值，而虛榮卻是讓他人相信我們所擁有的價值，並以此提高自己的信心。驕傲源自內部對自我的直接尊重，虛榮是通過外界的評價間接地獲得自我尊重。

關於虛榮，有這樣一個笑話：「我最近去附近的餐館打包，遇到了自己的朋友，只能互相裝作不認識。畢竟都是活在朋友圈中的人，最近一段時間他應該在法國，而我應該在馬爾地夫。」一個人的虛榮和驕傲都是希望為自己樹立一個高大的形象，那麼，虛榮和驕傲究竟有什麼樣的區別？

愛慕虛榮的人喜歡裝腔作勢，誇誇其談，而驕傲的人更喜歡不卑不亢，沉默寡言。比如很多人熱衷於各種圈子，像品酒圈、機車圈等，而圈子所帶來的更多是一種形式上的虛榮。

而**只有一個人對自己的價值有著發自內心且堅定的信心時，才是真正的驕傲**。就像一個環保主義者，她無論去什麼樣的場合都選擇綠色出行，且毫不掩飾自己這種出行方式，即使遭遇他人的白眼和嘲笑。這就是一種源自內心的驕傲，她摒棄了世俗的概念，沒有故作姿態，只遵循於自己的標準。

虛榮是驕傲最大的敵人，因為虛榮通過構建虛假的形象來獲得他人的讚美，並以此確認自我評價。這種行為在一定程度上削弱了一個人對自身能力的認識和肯定。

很多人會反感，甚至抨擊驕傲，將其視為人類本性中三個愚蠢特質之一，說的就是驕傲的負面意思，是指一種對於個人的地位或成就的自我膨脹與炫耀，通常與傲慢是同義詞，形容一個人的傲慢和目中無人。

虛榮的確是一項缺點，但對傲慢而言，只要你能夠把握好其中的度，你總能夠避免它帶來的麻煩。生活中很多人總是擺出一副睥睨天下的姿態，彷彿所有人都應該跪倒在他的腳下，甚至罹患自大妄想症等精神疾病，將自己看作活佛轉世，聲稱自己擁有億萬資產。但是，心理學家經研究發現，一個人對自我的認知存在輕微的自大傾向是一種正常的現象。也可以理解為心存一絲驕傲的人才是正常的，就像樂觀主義者一樣，總是充滿信心。

一個人的自信源自內心的驕傲，過於看重他人評價並盡力獵取他人稱讚的虛榮者，往往就是缺少這種內心的驕傲。在《乘風破浪的姐姐》的三十位姐姐中，張雨綺作為搞笑擔當，一直是一個神奇的存在。在節目開播當天，張雨綺憑藉自己的發言掀起了網路輿論的第一個浪頭——姐姐的自信根本不設上限。當她收到意味著「女團技能中無強項」的差評分後，依然能夠保持絕對的自信：「就是我很優秀，是嗎？」甚至在被提及缺點時，她也會毫不掩飾地表示：「我的缺點就是太過於自信。」

社會心理學家曾提出「積極錯覺」的概念，是指人們對自己和自己所親近的人所抱有的一種不現實的積極態度。而在大多數觀眾眼中，張雨綺大概就擁有著這份「積極錯覺」。實際上，這種積極錯覺在內心驕傲的人身上都有所體現，就像是拍照時附加的「濾鏡」一樣。

我們應時時刻刻提醒自己，在看到自己消極的一面時，也要看到自己積極的一面，並且，主動欣賞積極的部分。為自己感到驕傲，我們就不會為了確認自我價值，而為自己構建虛幻的形象，從他人身上獲得稱讚和認可。

詩人賀拉斯曾說：「你必須強迫自己接受應有的驕傲。」那我們為什麼要接受自己的驕傲呢？因為，我們要明白在世界上，並不是所有的錯誤或失敗都要歸咎於自己，我們能夠意識到自己需要改變和提高的地方，但更要意識到世界本身的變化無常。我們只是萬千人中的一個，如果總是獨立承受外界的強壓，我們內心的自己就會越來越小，也就越來越自卑，越來越不知所措。而驕傲則更像是一種自信，一種無所畏懼。

越是身處大格局中，越是要儘快找到屬於自己的那份驕傲，名譽、地位、金錢等虛榮的載體都遠遠比不上一腔熱血。人生佈滿了荊棘，只有擁有屬於自己的驕傲，才能活出自己獨特的味道，而且，他人也休想利用主觀印象來否定我們內心的自我價值。別人笑我頭撞南牆，卻不見我推倒南牆，繼續前行。

為什麼越窮的人越虛榮

很多「窮人」為了甩掉「貧窮」的標籤，變得越來越嚮往財富，嚮往自己所期待的樣子。當內心的佔有欲和脆弱的自尊心趨於巔峰，他們就很難再保持理性，購買高仿名牌包撐門面，聚餐主動結帳裝闊氣，出門一定要專車接送，甚至偏居一隅也要裝作覽遍世界名蹟。他們擔心暴露自己的辛酸和貧寒，在生活中總是小心翼翼。

陸劇《歡樂頌》中，樊勝美每一次出場都在盡力展現自己優秀的一面，但她卻是五個人中出身最窮苦的人。安迪是一名被人收養的孤兒，也是從美國紐約歸國的商業精英；曲筱綃是典型的富二代；邱瑩瑩來自一座小城市，但勝在父母的寵愛；關雎爾的家境也比較殷實。反觀樊勝美，出身於一個重男輕女的家庭，工作之後被敗家的哥哥所拖累，賺來的錢基本上都用來貼補家用。一般來說，她應該是一個衣著樸素、吃苦耐勞的女孩，但劇中的樊勝美卻截然相反，她張揚、虛榮、拜金……在偶遇老同學時，謊稱房子是自己的；因王柏川的家庭條件差，而多次拒絕對方的追求；羡慕安迪和曲筱綃富裕的生活。

為什麼越窮的人越虛榮？因為缺乏經濟能力的人在面對任何事情時，總會聯想到錢，遇見自己喜歡的物品，在昂貴的價格下望而卻步；結交朋友時糾結社交費用；遇見喜歡自己的人時，認為自己沒有戀愛的資本；打算嘗試新事物時，不停告誡自己沒有失敗的機會……在他們眼中，因為窮，沒有從頭再來的資格，因為窮，不配擁有愛情。

長此以往，這種不斷挫傷自信的經歷，會讓他們變得越來越沒有自信，進而形成一種思維慣性，與此同時，自尊心和自卑情緒也越發強烈。沒有人能夠長期忍受自卑帶來的痛苦，而脫離痛苦最快的方式，就是利用具有某些身分標誌的物品來「武裝」自己，讓自己儘快融入所處的群體。於是，虛榮就此產生。

虛榮所帶來的好處是顯著的：人們能夠輕而易舉地拿回自己被丟在地上的自尊，享受內心的滿足。在他們眼中，只有虛榮才能維持自己的面子，維持自己看似美好的一切。但實際上，他們所營造的一切都只是虛妄，他們所渴望的尊重與平等只停留在表面，一旦被撕破偽裝，他們不但會被打回原形，還會再遭受一次傷害。

貧窮與富有並不能作為個人價值的標準，就像一個人在定義「白富美」和「高富帥」時所講：**「什麼是真正的白富美：身為女子，潔身自好為白，經濟獨立為富，內外兼修為美；何謂真正的高富帥：生為男子，大智若愚、寵辱不驚是為高，大愛於心、福澤天下是為富，大略宏才、智勇雙全是為帥。」**

詩人席慕蓉曾說：「貧窮不是羞恥，富貴也不是罪惡，粗茶淡飯與錦衣玉食並沒有太大的差別。」財富的多寡給生活帶來的影響，取決於我們對它的態度，正確審視貧窮與富有才是人生真正的智慧。

我們不得不承認在物質上很容易區分貧窮與富有，但判斷貧窮與富有的恰當方式在於一個人對個人經濟的思維。如果一個人對金錢比較敏感，能夠獨立設計理財計畫，確認理財目標，那麼他就能夠在工作和生活中有目的地儲蓄，通過抓住機遇而不斷增加自己的財富。如果一個人只在意生活中的享受，無論他擁有多少財富都會走到山窮水盡的一天。

而且，物質上的富裕並不代表精神上一定富足。也許很多富裕的家庭不僅物質上富有，精神上也相對富足，但只注重物質方式的提升，而放棄精神層面的家庭也比比皆是。他們坐擁豪宅、豪車，卻終日橫行霸道，腰纏萬貫卻不斷剝削底層員工，置他人利益於不顧。這樣的人即使擁有再多的錢，也不過是生活在金山中的愚昧者。

反之，一個人在物質上的貧窮也證明不了精神上的匱乏。曾經轟動一時的

「流浪大師」，整天衣衫襤褸，蓬頭垢面，以撿垃圾為生，但他卻可以將《左傳》《尚書》講得通俗易懂，關於企業治理、各地掌故的見解也令人歎為觀止。而這也是一種人生態度。很多大學教授也是如此，他們的積蓄也許都比不上某些人一晚上的消費，但他們依然能夠予生活以樂觀，予他人以寬容。

精神上富足才是一個人真正的追求，當你能夠對生活有目標，對自己有要求，你會發現即使生活一貧如洗，人生也不乏一種寵辱不驚的大氣。

有些人一生都在和虛榮做鬥爭

心理學家阿德勒曾說：「幸福的人用童年治癒一生，不幸的人用一生治癒童年。」而虛榮就是有些人需要窮其一生來治癒的病，而這種病根源在於世俗的偏見。

偏見可以解釋為：「對某一個人或團體所持有的一種不公平、不合理的消極否定的態度，是人們脫離客觀事實而建立起來的對人和事物的消極認識與態度。」在現實中，偏見無處不在，白色人種對有色人種的偏見，重男輕女家庭對女孩的偏見，某些人對特殊地域人群的偏見……而最常見的就是對出身低微或貧窮的偏見，這些毫無根據的偏見會對一個人造成嚴重困擾。

心理學家榮格曾說：「無論哪裡，只要存在著自卑感，就一定有其存在的充分理由。那兒一定有某種卑劣的東西，儘管我們尚無法確知詳情。」這種卑劣的東西在現實生活中，更多地是一種沒有尊嚴的生活。

每一個人都有自卑感，而周圍人的冷漠和嘲笑會不斷加深這種自卑感，使一個人對自己的能力產生懷疑，直至形成自卑人格。在成年之後，個體為了擺脫內心的自卑，就會不斷追求虛榮來獲得他人尊重。

行走在虛榮路上的人，他們不敢停下腳步，因為一轉身就會看見自己千瘡百孔的內心，而虛榮似乎成為他們一生的宿命。

錢鍾書先生說：「人生雖然痛苦，卻並不悲觀，因為它始終抱著快樂的希望。」**我們之所以不斷追求虛榮，是因為蒙蔽了真實的自己，將外界的事物和評價作為尊重和認可的依據，卻單單忘了自己，認可自己。**

以下是幾種養成積極心態的方法：

1.正確認識自己

當一個人在自我認知上形成偏差，認為自己是世界上最差、最無能的人時，他就會不斷壓制內心的情緒，導致心理失衡，使心理壓力增大，從而產生自卑的心理。當我們感到自卑的時候，不妨從不同的角度看待自己，發現自己的長處，接納自己的缺陷。在遭遇挫折的時候，不要一味否定自己，客觀分析導致失敗的原因，正確認識自己。長此以往，我們就能夠清晰感受到自己的價值。

2.改變周遭的環境

心理學研究表明，環境對一個人的心理存在潛移默化的影響。一個積極的環境更容易讓我們擁有積極的心態，從居住的房間開始，嘗試將周圍的環境變得積極向上。比如在房間裡掛一些勵志的字畫，養一些能夠讓人心情愉悅的植物，養一些能夠讓自己更容易看到生活中美好的小動物等。

3.行為影響心態

一個人的心態往往能夠影響他的言行，比如，積極的行為能夠讓我們的心態變得積極起來。比如跑步、爬山等愉悅身心的運動。通過加快血液循環，加速新陳代謝，讓我們內心的消極情緒得到釋放。

4.結交朋友

自卑的人往往會在自己的內心築上一層堅硬的殼，用以保護脆弱的自我。但越是封閉自我的人越自卑，在一段和諧的人際關係中，我們更容易感受到生活中的溫暖，也更容易在被幫助和幫助人的過程中感受自我價值。

大衛・邁爾斯說：「當我們有所歸屬時，當我們感到被一種親密的關係所支持時，我們會更加健康和快樂。」若我們能夠真真切切感受身邊的美好，找到內心的歸屬，我們就不會為了虛榮而辛苦地活著。

一切惡行都圍繞虛榮而生

哲學家柏格森說：「虛榮心很難說是一種惡行，然而一切惡行都圍繞虛榮心而生，**都不過是滿足虛榮心的手段**。」在現實中，因虛榮心而使人生走向黑暗的事例比比皆是：十歲男孩因充值手機遊戲，一個月花光父母五年積蓄；某集團會計暗中挪用百萬公款打賞女主播，只為搏取芳心；某軍隊士官「衣錦還鄉」，為炫耀其身分，私自攜帶槍枝，最終鋃鐺入獄……虛榮雖然能夠讓人們獲得心理滿足，但也會給人們帶來嚴重的心理障礙，甚至導致人們為了虛榮不計後果，不擇手段。

電影《妙筆生花》中，羅里・詹森是一名渴望成為美國文學代言人的作家，但寫作靈感的匱乏讓他煩惱不已。在一次旅行中，他無意間在巴黎的一家古玩店購買了一個二手包，卻驚喜地發現裡面居然有一部被人遺忘的小說手稿。小說講述了一個發生在二十世紀四〇年代的愛情故事，羅里被作者的構思和文筆深深地折服，認為自己的寫作資質遠遠比不上對方。在虛榮心的驅使下，他偷偷將這份手稿占為己有，試圖借此一舉成名。在小說出版之後，果不其然，羅里重新站在了美國文壇的制高點。

可是，小說的故事和人物源自真實事件，那些與原作者存在交集的人開始陸續找上門來，而這部小說也逐漸成為羅里的噩夢。

原本渴望得到外界的認可，是一種正常的心理需要，但存在虛榮心理的人往往會選擇掩蓋自身的不足，放棄提升自我，用投機取巧的方式來獵取名聲和榮譽。長此以往，他們的內心開始不知不覺地遭受自私、虛偽、欺詐等因素的侵蝕，與積極健康的心理愈行愈遠。

過於虛榮的人極為敏感，十分看重他人對自己的評價，但現實告訴我們，沒有人能夠時刻受到他人的讚美和追捧。一旦他們無法得到這種肯定和認可，往往會變得灰心喪氣，懷疑自己，積蓄滿腔的怒火和怨氣，同時由於偽裝的存在，他們不願向他人敞開自己的心扉，這就導致了負面情緒的持續發酵，直至爆發。

他們受到周圍人的讚美和認可時，就會陶醉在虛榮的自我滿足中，認為自己超越了所有人，內心出現激動甚至過於興奮的情緒反應，而正是因為這種突如其來的高漲情緒缺乏持久性，導致人們在短暫的喜悅之後，情緒又瞬間跌落谷底。在短時間內，情緒的大起大落會使他們難以穩定自己的心理狀態，這也就意味著在情緒低落的時候，內心對虛榮的渴望會更加強烈。就好像人們常說的：「由儉入奢易，由奢入儉難。」

當欲望逐漸變得強烈，人們就開始變得盲目，只為了滿足內心對虛榮的渴望，而不擇手段。比如，為了顯示自己的學識，將別人的成果竊為己有；為了顯示自己的富有，而不惜鋌而走險，做出偷盜、搶劫等行為。

對我們來說，最可怕的不是虛榮心，而是被虛榮心所控制，在錯誤的時機通過錯誤的方式表現出來。如果我們能夠正確看待虛榮，就能夠脫離故步自封的困境，在令眾人仰慕的眼光中，蛻變成一個自己所期待的樣子。

1. 正確看待自尊

太多人的自尊建立在他人賦予的態度和價值上，明知道這種尊嚴不過是空中樓閣，仍不遺餘力地加固它，用更為宏大和華麗的表象去吸引目光，但無論他們怎麼填補，都無法阻止空中樓閣坍塌的命運。

一個人的自尊在於對自我的認可和尊重，絕不能為了一時的心理滿足，而形成錯誤的認知。只有正確看待自尊，才不至於因外界的干擾而失去人格，變成一台只懂得獲取虛榮的滿足感的機器。

2.樹立崇高理想

現實中的一切沒有絕對的好與壞，所謂好壞，不過是一個人內心的態度使然。當一個人並未擁有與自身追求相匹配的實力時，虛榮就會成為他人生的牽絆。如果我們能夠真正看到自己內心真實的美，就能夠重新定義眼中自己的負情緒、壞品質，從而使其為我們帶來不一樣的能量。

很多人能夠在一些平凡的崗位上做出成績，一步一步走向高處，就是因為他們有自知之明，能夠正確看待自己的長處和不足，並擁有足夠的能力去駕馭它們，將消除理想與現實之間的差距作為畢生追求。

托爾斯泰曾說：「沒有虛榮心的人生幾乎是不存在的。」而**恰到好處的虛榮心不僅能給予我們追求美好的動力，也會讓我們的心情變得愉悅**，嘗試與虛榮心和平相處，也許會有不一樣的收穫。

第二章 生活中的虛榮心現象

為拼「顏值」去整容——外表的虛榮

在這個看臉的時代，越來越多的人開始追求高顏值、好形象，甚至為了找一份好工作頻繁整容。心理學告訴我們，人的心理總是通過其行為表現出來。過分追求外表熱衷整容的人，往往是虛榮心在作祟。這些人更在乎他人的眼光和看法，希望自己的外貌在別人眼裡是最好的，而這種外表的虛榮恰恰反映了其內心的軟弱和自卑，需要通過整容來滿足自己虛幻的自信心。

愛美之心人皆有之，對美的追求是人之常情，但是追求美不等於盲目求美。很多去整形美容的人並非有明顯的外貌缺陷，而只是在虛榮心的驅使下，看周圍人整形後變漂亮了，便想搭上整形美容這趟時髦車，追求更高的顏值、更完美的外貌。比如時下流行錐子臉，不少人就去通過手術改變臉形。還有人受韓劇影響，知道韓劇裡的大美女，連男明星都是整過容的，就覺得這麼多明星都整，也沒那麼危險。更有甚者拿著照片「範本」，希望整成和某位明星一樣的眼睛或下巴。結果是整了這裡，發現另外一個地方又醜了，只好在整容的道路上不停地走下去。

再加上一些整容機構為了迎合這種虛榮心而打出的各種宣傳，暑期成為了學生整形的高潮時期，有的美容整形機構甚至特意打出了「開學當校花」的宣傳廣告。事實上，整容本身並無可厚非，但如果你本身並沒有什麼缺陷，而只是因為相貌平平的同學突然變成了朋友圈裡的「女神」，因心理不平衡而去整容，還是要慎重。

烏拉赫曾被視為巴西最美女性之一，她認為自己險些喪命可能是因為過度迷戀容貌和「愚蠢的虛榮」而受到的懲罰。在回顧瀕死時刻時，她說：「痛苦沒辦法用言語形容，就像皮膚和肌肉都被撕裂一樣。這種可怕的痛苦深入骨髓中。」她發誓將利用餘生警告其他女性「整容手術危險」，虛榮不代表一切。

我們生活在一個浮躁的時代，外貌分值被空前提高。但時間久了，良好的修養、正直的人品、出色的才幹、豐厚的學識會顯現出更重要的價值。摒棄虛榮，讓我們以更理性的態度來對待自己的外表吧——

1. 美是多層次的

變美的方法有很多種，整容並不是唯一的選擇，學學化妝和服裝搭配，閒暇時間多鍛煉身體，同樣能讓自己的外在形象改觀不少。

美是多層次的，它不僅包括人的眉毛、眼睛、鼻子、嘴巴等外貌特徵，也包括一個人的內在涵養和氣質。學會提升自己的內在涵養，從心底開始自信起來，你才會變得真正美麗。

2. 降低理想中的自我

一個人對自我期望過高，很容易產生自卑感，而這種感覺會加重其整容衝動。實際上，許多人去整容，與其實際相貌的美醜並沒有必然的關係，主要因為他們對自己的外貌要求過高。如果你適當降低對自己的要求，你內心的自卑感就會降低，那麼你去整容的動力就會變小。

3. 問問自己究竟應整的是「容貌」，還是「心理」

整形手術可以幫助我們改變一些身體上的缺陷，從而使我們更能充滿信心地面對生活。但是很多人總是反反覆覆地進行整容，雖然他們會認為自己是在「追求完美的感覺」，但是事實上，當他們把自己全身幾乎都「修」了一遍時，就要考慮一下自己是否有心理問題了。

4. 從其他方面找回自信

克服自卑的一個重要方法，就是通過其他方式獲得補償。如果你對自己的相貌不滿意，不要緊，把你的注意力和精力投注到你的事業和生活上，這樣，對容貌的自卑就會演變成追求家庭幸福、事業成功的重要動力，而通過事業的成功、家庭的和諧，你可以幫助自己重新找回自信。

5. 接受心理治療

如果你本來就沒有什麼外貌上的缺陷，但是整容上癮，並且在整容後仍舊會感到不滿意，無法停止自己的行為時，你就應該意識到自己可能已經出現了嚴重的心理障礙，這時候你應該立即向心理醫生求助。

「清水出芙蓉，天然去雕飾。」素顏美不是被越來越多的人推崇了嗎？同時，如果你能夠豐富自己的內在，那麼兩者相得益彰，會讓你由內至外地散發出一種無與倫比的自然美，這是任何整形手術都比不上的。

「你知道我爸是誰嗎」——出身的虛榮

富二代、官二代之所以喜歡炫耀自己的出身，是因為他們高於正常人水準的「積極錯覺」。「積極錯覺」由心理學家謝利・泰勒等人提出，指的是當一個人的自尊心受到威脅時，利用自我概念的理想、誇大對可控性的感知等緩衝，保護自己的自尊，表現為不現實的積極自我概念誇大、不現實的樂觀主義等形式。簡而言之，就是對自己的評價過高，就像《紙牌屋》中所說：「接近權力讓一些人錯以為他們擁有權力。」

家庭環境是催生因出身而虛榮的一大因素。一些人長期過著「飯來張口，衣來伸手」的生活，在父母的庇護下，超脫規矩的限制，讓他們對自己存在一種過高的評價。而且由於家庭出身，他們在人際交往中，始終會有高人一等的感覺，加上周圍人的吹捧和擁護，會使其產生一種愉悅感。於是，為了滿足自己的虛榮心，炫耀自己的出身成為生活的常態。

出身是一種與生俱來的優勢，但這種優勢源自父母的恩賜，而並不能成為衡量自身價值的依據。

將自己殷實的家境展示在朋友圈中，得到的不過是旁人的羨慕，只有不停地努力，才能走出屬於自己的路。資本只是我們努力的階梯，如果只是將其視為炫耀的資本，除了引起周圍人的嫉妒，甚至記恨，讓自己失去努力的方向外，毫無用處。

俗話說：「如人飲水，冷暖自知。」無論你的出身、家庭能夠為你的生活帶來怎樣的改變，終究只是你一個人的事，而並不是為了展示給所有人看。這種沉默是一種隱私的保護，更是對自己的一種體面與成全。

戴名表的男人——身分的虛榮

阿蘭・德波頓在《身分的焦慮》中表示：「當和我們處於同層次的人擁有比我們更好的東西，我們就開始懷疑自己的地位比他低，由此感到擔憂。」而炫耀在一定程度上是為了緩解這種焦慮，通過具有身分象徵的事物來體現自己的地位和身分，勞力士手錶、GTR汽車、香奈兒化妝品，甚至出國旅行等，都是完成身分「認證」的媒介。

一名韓國華僑在參加一位房地產大亨的婚宴時，被眼前的一幕所震驚。婚宴餐桌上擺滿了產自法國瑪高酒莊的葡萄酒，售價高達上萬元，而貴賓席上的紅酒是來自拉圖的葡萄酒，售價超過了十萬元。一瓶瓶天價紅酒在觥籌交錯中被客人喝光，服務員立刻為他們端上一瓶新的紅酒。

對於很多有錢人來說，高級的葡萄酒往往被看作身分的象徵。一家葡萄酒專賣店的負責人曾表示：「很多富商、藝人經常購買數萬，乃至數十萬元的葡萄酒來喝，購買七八千元的葡萄酒的人更是比比皆是。」這種對身分的追求在葡萄酒的價格上也有所體現，一位葡萄酒進口商家表示：「瑪高等著名酒莊的產品平均每隔二十天就要漲價一次，來買的人多了，價格自然飛漲並且經常斷貨。」

在現實中，類似葡萄酒的炫耀性商品有很多，名表、名車、名牌包都被人們看作一種身分的象徵。但大多數購買這些立中的人，都不具備相應的經濟實力，只是一味期望通過一件帶有符號性的商品，使自己跨入某一個階層，達到滿足內心虛榮的目的。

炫耀的本質是一種暗示，暗示自己的身分配得上這樣的東西，並以此來提高自己在他人心中的身分和印象，博得更多的關注。魯迅先生在塑造孔乙己時，寫道：「孔乙己是站著喝酒，而穿長衫的唯一的人。」在孔乙己的心中，「長衫」是讀書人身分的標誌，即使「長衫」又髒又破，他也不願脫下讀書人的標誌，與「短衣幫」為伍。

對外物的盲目追求催生了「炫耀性消費」，經濟學家凡勃侖在《有閒階級論》中給出了自己的觀點：想要獲得並保持尊榮，擁有財富和權力是遠遠不夠的，還必須能夠提供尊榮的證明。而「炫耀性消費」就是為了財富或權力提供證明以獲得並保持尊榮的消費行為。

心理學研究表明，個人所購買的商品的價格，能夠很好地顯示出個人的收入水準，通過提高商品價格的方式，能夠將高層次者和低層次者進行有效的區分。而這也就導致了很多奢侈的商品儼然成為一個巨大的符號載體，很多人所追求的核心價值也不再是商品的實際使用效用，而是炫耀其體現出的身分象徵而帶來的虛榮。

一個人越是炫耀自己的身分，就越希望在他人心中樹立起一個高層次的形象，這種極易獲得的滿足感會毀掉他原本的人生目標，盲目追求這種虛假。如果一個人的實力與其顯露的身分不相符時，為了維持這種榮耀，他勢必會付出更多的利益來滿足這種虛榮。

社會身分是每個人心靈的必需品，對一個人的身分來說，外在的物質只是淺層的表象，真正體現一個人身分的因素更多源自內在的學識和修養。

1. 學識

學識是一個人身分的體現。當然，我們也不能要求自己一定要才高八斗，無所不知，能夠在多領域有所涉獵最好，即使無法滿足這種條件，也一定要擁有自己擅長的領域。不能總是在溝通過程中不斷重複「掙錢啦」「工作啦」「出國啦」等單薄的詞彙。而且，一個人的學識能夠影響其見識、談吐以及社交能力，這些也都能夠體現一個人的身分。

2. 修養

一個人的修養往往是他的「第二身分」，我們華麗的穿衣打扮處處顯露著身分的高貴，但言行舉止能夠一瞬間摧毀我們在他人心中的形象。比如在公共場合抽煙、大聲喧嘩、隨地吐痰等。

真正的修養並不是刻意，而是藏於內心的一種習慣，即便我們不開口說話，他人也能夠從我們的一言一行中感受到。比如在地鐵和公車中，即使時間緊迫也不要推搡他人；下雨時，進入公共場合前將雨傘裝入袋子，避免弄濕地面和別人的衣服；與別人交談時，不隨便打斷別人的話，等等。

當我們把自己的視野擴散到外面的世界，就不會在自己的小世界裡炫耀自己。千萬不要目光短淺地將自己束縛在自我陶醉的虛榮中。

「富貴不還鄉，猶錦衣夜行」——成功的虛榮

古人言：「富貴不還鄉，如衣錦夜行，誰知之者？」數十年寒窗苦讀，只為一朝金榜題名，誰又願意放棄衣錦還鄉的機會呢？試想一下，當你榮歸故里時，親朋好友佇立街頭，翹首以盼，你在萬眾矚目之下踏進家門，此時的心情又豈是一個「爽」字能夠解釋的呢？

從古至今，每一個離鄉遠遊的人，都懷揣著一個衣錦還鄉的夢。我們在外吃過的苦、受過的痛，都是為了有朝一日，能夠讓別人看見自己的成功。

對很多外出打工的人來說，春節返鄉之旅是一場沒有硝煙的戰爭，大多數人都會選擇買一輛好車來提升自己的面子，滿足自己的虛榮心。抖音中有一個關於「衣錦還鄉」的經典段子：村裡的廣播中播放著一條求助資訊，表示自己

的寶馬車陷在了農田裡，希望大家能夠幫忙，車子裡裝著中華煙。這何嘗不是一種變相的炫耀。

「衣錦還鄉」是烙在太多人心中的印記，每個漂泊在外的人，都希望自己不要太落魄地回到家鄉。為什麼很多人都會有「衣錦還鄉」的想法呢？原因有兩種：對有些人來說，成功是一件難以獲取的東西，所以，一旦獲得成功，他們的內心就會產生一種想要告訴全世界的衝動，用他人的言行來印證自己的成功。而家鄉的親朋好友瞭解自己的底細，成功前後的巨大反差更容易收穫鄉親們的羨慕；另一種則是，一些人由於在窮困潦倒之際遭受周圍人的輕視，在成功之後難免會出現報復心理，導致炫耀行為出現，他們內心不斷被自卑情緒所刺激，擔心被他人看輕，而炫耀成功是為自己正名，更是一種情緒的宣洩。

向他人展示自己的成就和榮耀無可厚非，但太過張揚地炫耀自己的成功，甚至自我陶醉，往往會令人對這種小人得志的行徑出現反感和排斥。每個人都有虛榮心，但凡事都需要有一個限度。盲目追求「衣錦還鄉」的成就感和榮耀感，往往是一種心態不夠豁達的表現。

我們之所以努力，並不只是為了成為一個成功者，而是要成為一個比昨天更有價值的人。正是這份價值，會讓我們懂得自己的努力並不是一無是處。在成長的過程中，努力讓我們能夠更加積極地嚮往心中的美好，更加懂得珍惜眼前的自己，珍惜自己所擁有的一切。成功是對一個人的付出的肯定和認可，並非只是支撐我們炫耀的資本。炫耀和吹噓不僅不能給他人留下一個深刻的好印象，反而會遭到他人的反感與排斥。

吹噓旅行經歷的人——閱歷的虛榮

在很多人眼中，旅行是一種最好的炫耀方式，它滿足人們對自由與美好的追求。越來越多的人打著「洗滌心靈」的幌子去往人們心中神聖的西藏，背靠布達拉宮；趕往美麗的麗江，期待著一場豔遇；讓青海的茶卡鹽湖成為自己最美的背景……然而，除了拍照，大多數人都沒有耐心去感受世人眼中的美好，他們渴望的是朋友圈中的點讚和羨慕的眼光。

叔本華曾說：「**人性一個最特別的弱點，就是在意別人如何看待自己。**」很多人都為此放棄了真實的自己，包裝成甚至變成了別人喜歡的樣子，在溝通的時候，通過吹噓自己的經歷來獲得已經成功的滿足感。

心理學上有一種補償心理，是指當一個人的實際情況與社會普遍認知出現偏差時，就會通過某種方式進行彌補。吹噓自己能夠在一定程度上彌補心理落差，在心理上達到理想中的境界，同時也能夠提高自我形象，獲得他人的關注。就像一位業務員總是聲稱自己手中有多少客戶，領導如何器重自己；一個缺乏情感經歷的人，不斷吹噓自己曾交往過多少對象，以證明自己的情商高一樣。

吹噓自己的經歷能夠提高個體的自信，降低個體內心的恐懼和焦慮。阿德勒在《自卑與超越》中表示：「傲慢和自大，往往都源於內心的自卑。」當我們在比我們差的人面前吹噓時，就能夠彰顯自己的優秀；在不熟悉的人面前吹噓，對方對其真實性也無從考證，這使得我們能夠從對方的羨慕中獲得滿足感和榮譽感。

一個人如果習慣性吹噓自己，會逐漸喪失真實的自我，沉醉於虛假的自我形象，從而忽視現實問題的解決。雖然吹噓能夠獲得他人暫時虛假的尊重，但一旦被人揭露，自我吹噓者就會在他人面前喪失威信。而且，盲目地自我吹噓甚至有時候還會為自己帶來意想不到的麻煩。

東漢光武帝時期，江陵縣突發大火。縣令劉昆聽聞之後，立刻趕往現場，眼看火勢已經無法控制，他跪伏在地上，不停地磕頭，突然天降大雨，很快就澆滅了大火。後來，他升任弘農太守，弘農郡中有老虎出沒，經常傷人。劉昆在任期間，廣施德政，教化百姓，老虎再也沒有出現過。

光武帝聽說之後，詢問他的治理政策，劉昆回答說：「只是偶然發生的，發生大火的時候，天氣陰沉且遲遲未曾下雨；弘農郡的老虎由於百姓過度墾荒，導致適合生存的地方減少，牠們才會選擇逃走的。」

劉昆回家後被弟弟埋怨：「你為什麼不在皇帝面前吹噓一下自己呢？」劉昆解釋說：「如果有一天皇帝令我用此法去滅火和驅虎，我該如何應對呢？」

無論我們的經歷多彩或者灰暗，我們都不必念念不忘，更不應該以此去煩擾他人。學會自我糾正與認可，懂得待人以寬厚，才是真正的成熟。

馬雲在演講的過程中，被一位留學生提問，對方在中文中摻雜了大量的英文。馬雲在回答問題時說：「海龜一定要淡水養殖，土鱉一定要在海裡放一放，只有雜交混養，未來才有機會，千萬不要覺得，我『海歸』回來，就把西方的世界都懂了。」一句話，令場下的觀眾捧腹大笑，笑的是馬雲的幽默，也是留學生的不尊重。

真正優秀的人，不去吹噓自己，也會有人去崇拜他，不管他人對自己做出什麼樣的評價，對自己都有一個清晰的認識。熱衷於吹噓自己，不過是在自欺欺人的過程中自我滿足，但在他人的眼中，你可能只是一個不合格的演員。

我們要明白，吹噓出來的能力不是真正的能力，如果你選擇活在幻想中的世界裡，那麼你永遠也無法到達彼岸。

不怕拒絕，只怕沒得拒絕——拒絕的虛榮

有人曾說：「最高級的炫耀，是你這一生拒絕過什麼。」一位知名導演曾

講述過自己的經歷，一名當紅的女明星曾瘋狂地追求過他，在他家門口癡癡等候他回家。然而，他卻拒絕了她，但這段往事並沒有因他的拒絕而煙消雲散，反而因對方當紅女星的身分而成為他在日常交往中的談資。

很多女生經常炫耀自己曾拒絕了多少位追求者，在很多場合說「我如果和所有向我表白的人在一起的話，那我就有十幾位男朋友了」「今天又有一個人向我表白了，你猜猜看他是誰？」等諸如此類的話。她們以對追求者的拒絕來作為自身魅力的體現，而且被拒絕的對象一般為醫生、律師、富商、富二代、作家、導演等具有令人豔羨的職業或收入的人。當然，她們也許曾拒絕過其他身分的追求者，但她們並不會將其作為炫耀的資本，只有具有一定實力的追求者，比如具有學識、財富、名氣等身分價值的人，才會成為她們口中的談資。

這種炫耀的資本不限於對方的性別，也不限於愛慕程度，只在於被拒絕者的身分和地位。當被拒絕者的條件越高，那麼拒絕他們的行為才能越使自己顯得足夠風光。這就是一種拒絕的虛榮，就像作家張小嫻曾說的：「**我們不怕拒絕，只怕沒得拒絕。**」

虛榮心理可以看作一種扭曲的自尊心，每個人都存在被尊重的需求，體現在成就、力量、地位和名聲等方面，當一個人的現實狀況無法滿足自身被尊重的需求時，就可能通過不適當的手段來獲得滿足，而這種對自尊心的滿足就是一種虛榮。

拒絕追求或請求能夠提高的一個人的價值和被關注度，是以被拒絕者既有的身分地位作為先決條件。當追求者或請求者的身分能夠獲得大眾的認可時，拒絕者的身分也會隨之提高，因為「門當戶對」是一種深入人心的觀念，拒絕在無形中給所有人一種暗示，拒絕者身上存在令對方需求的因素，或權利，或才情，以至於使拒絕者的形象在人們心中隨之水漲船高，極大地滿足了拒絕者對尊重的需求。

而這種假借他人而成全自己的行為所帶來的精神愉悅感，很大程度上催生了虛榮心理。但是，為了滿足自己的虛榮心理，而肆意炫耀拒絕他人的經歷，是一種情商低的表現，往往會給當事人帶來傷害，甚至招致周圍人的厭惡。

雖然一個人的自尊心受外界輿論的影響，但我們不能將其視為確認自身價值的唯一條件。來自外界資源的加持，往往並不能使我們的形象得以長久，學會正視自己的價值，才不會被外界的評價所左右。所以，我們要正確看待他人的追求和請求，也要正確看待拒絕這件事。

1. 面對追求

雖然追求者多是一個人自身魅力的體現，但當我們面對追求時，還是要保持理性，正確對待。每個人都有自己的生活，並不是所有人都應該去愛我們，我們一定要知道，能夠得到對方的追求是一件值得感恩的事情，它並不是我們炫耀的資本。我們不能隨意看待這份追求，它應該被好好珍惜，接受對方收穫愛情，拒絕對方收穫友情。

被他人追求只是一種人生經歷，是對方對我們的一種認可。如果我們都無法認可自己，那麼炫耀被他人認可又有何意義呢？

美劇《宅男行不行》中，艾美的條件一般，很少有人主動追求她，在酒吧裡也不會出現為了搭訕而請她喝飲料的情況。但有一次，她在酒吧遇到了一個喜歡自己的人，有了第一次被搭訕的經歷，她的內心激動且興奮，但離開酒吧之後，她的內心又恢復了平靜，忘記了這件事。並不是因為她不在意被人追求，而是因為她覺得自己不應該只憑藉相貌來確認自己的價值，也不需要用被人追求這件事來自我滿足。

2. 面對請求

他人向我們請求幫助，是對我們能力的一種認可，更是對我們的一種信任。面對請求時，我們應該拋開拒絕對自身價值體現的表象，而真正理解請求所帶來的意義。相互幫助是人與人之間最有效的羈絆，在此過程中會加深彼此之間的關係。如果對方的請求在我們力所能及的範圍內，我們可以盡力去幫助別人，如果無法滿足對方的請求，我們可以果斷告知對方自己的決定，避免讓對方對我們心存希望。拒絕是一種坦然，而盲目拒絕會成為彼此之間的一種隔閡與疏遠。

無論追求還是請求，都是彼此之間的一種感情。對每個人來說，感情都是美好的，是兩顆心互相靠近，感受對方深沉的愛。如果將追求和請求當作一種炫耀的資本，那麼這種炫耀最終會破壞掉這份深愛的美好。

處處顯擺自己的學問——知識的虛榮

一個人的才華與智慧是其優秀的憑證，但一個人刻意擺出一副高姿態炫耀自己的才華，往往是由於內心缺乏底氣，擔心被他人輕視，渴望通過頻繁的展示來提升自己在他人心中的地位，滿足自己的虛榮心。然而，炫耀才華，一般帶有貶低周圍人的意味，給人一種自己才華橫溢，其他人都是庸才的深意，這種行為不僅無法收穫他人的好感，反而會遭人厭惡，令人敬而遠之。

《三國演義》中，曹操修建了一所花園，在巡視時並沒有發表自己的意見，只是命人取了一枝筆，在門框上寫了一個「活」字就走了。眾人不得其解，主簿楊修馬上下令將花園大門拆除，解釋說：「門中添『活』字，就是『闊』字，丞相是嫌你們把花園的門修得太寬了。」眾人聽聞，紛紛稱讚楊修的學識。

有一次，西涼向曹操進貢了一盒酥，曹操在盒子上寫上「一合酥」三個字後將其放在了書案上。楊修看見之後，召集所有的傭人將酥分食了。曹操見到後問其原因，楊修回答說：「盒子上寫著『一人一口酥』，我們豈敢違背丞相的命令呢？」曹操表面稱讚了楊修，內心卻對他十分厭惡。

曹操與劉備會獵漢中之時，因戰事膠著，曹操心中猶豫不決，正巧夏侯惇入帳詢問巡夜口令，曹操看著碗裡的雞湯，隨口回答說：「雞肋。」口令下達至各營後，楊修便命令隨行的士兵收拾行裝，準備撤退。眾人不解，楊修解釋道：「雞肋者，食之無味，棄之可惜。如今丞相進軍不能取勝，退軍讓人恥笑，待在這裡也沒有什麼益處，不如早日班師。因此提前收拾行裝，免得臨走的時候慌亂。」眾人聽聞紛紛準備撤退。曹操得知此事，將楊修以蠱惑軍心的罪名斬首示眾。

《菜根譚》中說：「利欲未盡害心，意見乃害心之蟊賊；聲色未必障道，聰明乃障道之藩屏。」意思是，名利和欲望未必會傷害我們的本性，**自以為是的偏見才是殘害內心的毒蟲**；淫樂美色未必會妨礙人對真理的追求，**自作聰明才是修悟道德的最大障礙**。但生活中，很少有人擁有這種自知之明，反而樂意向他人展示、炫耀自己的學問和才華，獲得優越感。比如總是向他人解釋一些冷門的知識、在交談過程中夾雜外語等。每個人都存在嫉妒心，沒有人樂意忍受他人的耀武揚威。當你處處炫耀自己的學問時，無形中觸碰到了他人的自尊和內心最柔軟的地方，長此以往，你就會成為對方的眼中釘。

「初唐四傑」之一的王勃在滕王閣的宴會中，以《滕王閣序》拿下了魁首，流芳百世。但這場宴會本是閻都督為了誇耀女婿孟學士所舉辦的，卻被王勃搶了風頭。這種恃才傲物的態度也使得王勃生平坎坷。

《道德經》中說：「希言自然。故飄風不終朝，驟雨不終日。孰為此者？天地，天地尚不能久，而況於人乎？」意思是一切都要隨其自然，天地所造就的狂風暴雨都無法持久，何況是人呢？所以，處處炫耀自己的才華和學問是一件十分愚蠢的行為，從你炫耀的這一刻開始，你的學問和優秀不僅成為負擔，還會成為交惡彼此關係的根源。

英國小說家威廉・薩默塞特・毛姆在《月亮與六便士》中寫道：「你要

克服的是虛榮心，是炫耀欲，你要對付的是你時刻想要衝出來出風頭的小聰

明。」所以，我們要正確看待自己的學問與才華。

1. 學會低調

胸中自有青山在，何必隨人看桃花。一個人是否優秀不在於自身才華的顯露，而在於其遭遇困境時，是否擁有化腐朽為神奇的能力，是否擁有令自己強大起來的基礎和資本。

英國的女作家J‧K‧羅琳在以《哈利‧波特》系列小說成名之後，丟棄了「羅琳」這塊金字招牌，以另一個筆名繼續創作了偵探小說《布穀鳥的呼喚》。她從零開始，放棄了盛名之下的機遇。羅琳說：「我就是想告訴讀者，**改變困境不需要魔法，只要我們發揮出自己內在的力量，而非外在的虛華。**」

低調意味著極強的控制力，讓我們不被名利所禁錮，謹言慎行，才能真正掌握自己，掌控生活。

2. 學以致用

孔子云：「君子不器。」學問不能只拘泥於展示與炫耀，當應用在實處，不然一個人對某項事物再高屋建瓴，也不過是紙上談兵。能夠為我們解決實際問題才是真正的學問和能力。一個人真正的智慧，是讓自身所聞所學成為人生中的助力，並非只是一種炫耀的資本。謙遜低調，厚積薄發，才能讓我們的學問和才華成為人生的加分項。

虛擬出身撐面子——貧窮的虛榮

義大利小說家喬萬尼・維爾加說：「高貴的出身是一種湊巧的事情，並不是一種德行，白手起家才算是真本事。」但很多人依然十分在意自己的出身，年少時被鄙夷的經歷、青春期被異性疏遠的體驗等，都在不斷刺激著他們脆弱的神經。

陸劇《獵場》中，鄭秋冬為了賺錢，不惜劍走偏鋒進入傳銷組織，後因組織傳銷罪入獄。出獄後的鄭秋冬因周圍人的歧視感到十分痛苦，為了消除坐牢的污點，他決定用另一個人的身分重新開始生活。他去覃飛的老家打聽消息，為自己假扮覃飛做好了充足的準備。

優秀的履歷讓他成功進入了一家頂尖的商務集團，成為公司的薪酬總監。在任職期間，他的工作能力得到了領導的認可，但行為中卻透露著古怪，他似乎對身分的公開和審核極為敏感。然而，世上沒有不透風的牆，覃飛的假身分最終敗露，集團董事長對他的行為感到可恥，將他掃地出門，並將他的名字拉進了人力資源領域的黑名單。

在心理諮詢中，很多來訪者內心的痛苦都源自過分在意自己的出身、家庭狀況。家庭條件的窘迫、單親家庭的恐懼、父母見識鄙陋等，都是他們為之羞恥的地方。他們對在社交中介紹家庭及出身極為敏感，總是擔心對方因出身而輕視自己，甚至拒絕與自己交往。為了避免這種情況的出現，一部分人會選擇虛構自己的出身，如將父親塑造成某地區的政府領導，母親是民營企業家，以緩解內心的焦慮與恐懼。

心理學家阿德勒認為，任何事情從客觀角度分析都無法界定其好壞，因為這些事情對我們產生的影響，完全取決於自己對它們的主觀判斷。簡單來說，就是**我們內心的觀念決定了我們眼中的事物**。當我們因自己的出身而感到煩惱，因出生在鄉下而感到自卑，其核心並不在於「出生在鄉下」的客觀事實，而在於我們對這個事實做出的價值判斷。當我們認為「出生在鄉下」阻礙了我們的成長發展，就會抗拒甚至否認這個客觀事實。比如「出生在鄉下」就意味著揮散不去的鄉土氣、寡陋的見識、粗鄙的談吐。

為了避免遭受他人異樣的眼光，消除內心的自卑情緒，虛擬一個身分是一個最好的辦法。通過欺騙的方式，改變他人對自己的認識，同時對自己的認知進行引導，能極大地滿足一個人的虛榮心。

你會因百元鈔票出現皺褶而不要嗎？顯然是不會的，錢幣的價值永遠不會因外表的抹黑或渲染而改變，人也是如此。過分在意自己的出身，很大程度上會將這種主觀價值判斷當作一個逃避現實的藉口，比如，因為「出生在農村」，才沒有機會成功，才沒有人喜歡我，我們會心安理得地接受自己不夠出色的事實，放棄做出任何的改變。命運的牌已經分發完畢，你可以感歎自己的運氣不好，卻不能輕易將其視為爛牌，進而成為你放棄鍛煉牌技的藉口。

草根明星王寶強從不為自己的出身而自卑，在出演《天下無賊》後，為了感謝提攜自己的導演，他表示：「我老家種的小米特別養胃，拍完戲，我回家給你種上一畝地的小米。」甚至在成名之後，王寶強在每年秋收時節都會返鄉幹農活。

威爾菲德・尼爾斯在《真相，治療心靈的妙方》中說道：「我們所有的規劃與行為模式，都過於視而不見，而不是真的看見，太過防禦而不是接受，試圖改寫生命而不是擁抱生命本來的樣子……接受自己和生命，始於接受父母。嘗試否認、壓制、忽略作為兒女的事實來拒絕父母，都會禁錮生命的重要部分，貶低自己和自己的存在。」所以，我們需要正確看待自己的出身，告別自卑和虛榮心理。

1. 認清現實

我們要明白，一個人的出身，無論貧窮或富有，社會地位是高是低，都是與生俱來的條件，也是我們無法更改的事實。其實，物質上的差距並不可怕，不過是擁有的資源不同罷了，最可怕的是，我們無法跳出用出身、物質等條件來判斷自己、判斷別人的思維模式。一旦我們被自卑所困擾，被虛榮所迷惑，就會喪失對自我的思考，長期困於這種狀態，難以改變。

我們要理智地思考和判斷，既然無力改變出身，何必庸人自擾，不妨找到解決問題的手段和方法，不斷提高自己的能力。

2.接納現實

對於出身的自卑，在於眼界開闊之後，我們自認為缺乏某些事物體驗的經歷會令自己低人一等，從而不敢展示自己。但是，一個人的價值並不會因外界因素而有所降低，我們有的時候需要卸下自己的思想包袱，接納既定的現實。自己擁有的少，另一方面也意味著大多數嘗試對我們來說都沒有什麼損失，也許我們在解決問題的方法與手段上有所匱乏，卻不影響我們用自己的方式去實現自己。

3.化虛榮為動力

俗話說：「窮人家的孩子早當家。」如果我們的家庭狀況並不是特別樂觀，我們可以將想像中的美好化作前進的動力，在不斷努力的過程中，鍛煉自己判斷形勢和解決問題的能力，在同一環境中擁有不同的視角和思維。

有人說，生命中有一門功課叫「接納」。接納自己的出身、接納自己的父母、接納事實本來的樣子，我們會獲得解脫。**接納，是一切變好的開始。**

為了獲得表揚去做事——讚美的虛榮

榮譽和名聲是他人對自己付出的肯定。不可否認，有些人行善只是秉承一顆善良的心，在幫助別人的過程中，使自己的愛心得到滿足，但也有一些人是為了獲得他人的肯定和讚美才會主動去做一些事情。

一名學生撿到了一本書，他通過書籍上的簽名獲得失主的名稱和班級資訊，在來到對方所在的班級之後，他並沒有將書直接交還給遺失書籍的學生，而是委託在走廊上值班的老師，將書帶給對方。他不僅獲得了失主的感謝，還得到了老師的表揚。

在現實中，行善已經成為一種博人眼球的行銷方式。一些人在為災區捐募善款時，總會在某些公開場合舉著看板大小的支票供媒體拍照，用作宣傳和塑造人設。甚至一些企業家已經將慈善當成「媒體秀」，他們暴露在電視臺的攝像頭下，將一張張鈔票緩慢地投入捐款箱，擺足了姿勢。

每個人內心深處都渴望得到他人的肯定和尊重，而讚美恰恰能夠令我們的這種需要得到滿足，但以獲得稱讚為目的去做事，是一種捨本逐末的行為，會讓我們逐漸失去人生的方向。

過度追求讚美是因為我們缺乏自我意識，需要通過他人的肯定來確認自我價值。這種錯誤認知的形成大多數源自一個人的童年經歷，心理學家皮亞傑認為，兒童一般以自我為中心，往往需要依靠外界和內在的評價來構建自我價值感。在發育初期，家庭包攬了大部分的外界評價的功能，父母是否能夠做出正確的引導，是影響孩子自我價值感構建的重要因素。一些父母為了激勵孩子，為自己的關注與讚美設定條件，比如當孩子在期末考試取得優異的成績時，父母才會稱讚、獎勵他。這種行為看似是在鞭策孩子努力學習，但很容易導致他們陷入一種認知誤區，將努力學習看作獲得讚美的管道，而忽略其對自身成長的意義，久而久之，就會被這種規則所束縛。

當他們無法達到父母的要求時，他們自然而然就會認為「我考砸了，父母不愛我了」。因為無法得到父母的認同，他們會格外在意父母對自己的評價，甚至單純為了讚美而努力學習。成年之後，這種思維方式依然會影響他們的行為，導致為了獲得讚美而去做某些事情。而對讚美的追求會逐漸使他們享受這種愉悅感和滿足感，變得虛榮。

有人說：「世界上最美好的聲音就是讚美，最好的禮物也是讚美。」不可否認，讚美能夠為人帶來愉悅，是我們自信和動力的源泉，但對讚美的盲目追求，會讓我們忽視所完成目標的本質，因小失大。所以，我們需要正確看待外界的讚美和做事的動機。

1. 讚美的本質

讚美，解釋為「發自內心地對於自身所支持的事物表示肯定的一種表達」，是外界對我們自身以及所做事情的認可。其本質在於某些事情對個人或社會帶來的積極影響，是我們自我價值的一種體現。而追求讚美就是對自我價值感的缺失被讚美的渴望放大，為了滿足這種渴望而去做事。就像曾經舉辦的國際奢侈品展覽，許多富豪趨之若鶩，將獲得一件奢侈品作為展現自身財富的依據；為了顯示自己的才學，一些人在房間裡放滿許多精裝書籍，卻從未看過等。然而，這種行為並不能真正為自己帶來價值，裝滿房間的書籍也無法掩飾一個人內心學識的鄙陋。

2. 做一件事情的本質

以減肥為例，對大多數人而言，減肥是一件痛苦的事情，我們總是會想人生短暫，為什麼要如此虐待自己，瘦下來只不過是在別人眼中改變了，獲得別人幾句不痛不癢的誇獎嗎？愛真實的自己才是最好的。這是很多人在減肥過程中半途而廢的藉口。

然而，我們要知道減肥是為了讓自己的身體更加健康，是一種對自身魅力的提升，而並非只是發到朋友圈中獲取點讚的噱頭。我們要知道，我們所做的每一件事的本質意義在於自身能力的提升，讚美只不過是錦上添花的東西罷了。就像名作家楊絳先生在《百歲感言》中所寫的：「我們曾如此盼望外界的認可，到最後才知道：世界是自己的，與他人毫無關係。」

第三章 虛榮背後的心理動機

從眾心理：別人有的我也不能少

每個人都是生活在群體中的個體，具有鮮明的個性標誌，但很多時候，為了追求一致性，避免與其他人出現較大的差異，我們又不得不選擇融入群體。而這種行為的產生，就是源自從眾心理。

從眾心理，是指一個人在群體的影響下，放棄或違背自己的原始意願，使自己的言行與群體保持一致的現象。也就是我們常說的「隨大流」。美國幽默作家詹姆斯・瑟伯有一段十分傳神的描述：「在熙熙攘攘的大街上，一個年輕人突然跑了起來，也許他突然想起了與愛人的約會，而自己即將遲到了。於是，他快速向東面跑去。而另一個人也跟著跑了起來，可能是一個報童，手中握著令人震驚的消息。然後，又有一個人跑了起來，可能是出了什麼急事……十分鐘之後，大街上所有的人都跑了起來，聲音變得格外嘈雜，隱約能夠聽清『大堤』之類的詞。於是，『決堤了』的消息迅速傳遍整個街道，沒有人清楚是誰喊出的消息，也沒有人知道是否發生了這種事。但是，所有人都開始奔逃起來，向東邊跑去。」而這恰恰就是從眾心理的真實寫照。

心理學家阿希曾經針對這一現象進行了一項經典的實驗。他準備了兩種卡片，其中一種上面繪有一條被標注為X的線，另一種上面繪有分別標注為A、B、C的三條直線。這三條線中的一條與X線長度一致。隨後，他將參與實驗的大學生分為七個人一組，其中只有一個人是真正的被測試者，其他人只是實驗的合作者。參與實驗的大學生被要求分辨兩種卡片中，哪兩條線長度相同，而被測試者每次都是最後一個做出回答。前兩次實驗，七個人的回答都是一致的，之後的實驗，六名合作者被暗中要求故意選擇錯誤，而通過觀察被測試者的反應來驗證從眾心理。

結果顯示，從眾行為發生的次數佔據了實驗總次數的百分之七十五。在對被測試者進行訪談之後，阿希表示，一般來說，從眾行為的產生是因為個體在群體中受到了資訊和規範上的壓力。可以解釋為：通過他人的行為否定自身的判斷或避免與眾不同，遭到孤立。

從心理學角度分析，一個人存在對安全感的需求，並且具有天生的惰性。這就意味著，我們需要通過對群體的依賴，來降低風險，讓自己處於一種安全的境地。因為，群體能夠提供我們所期待的資訊。比如一名男子到一個陌生的地方旅遊，卻發現洗手間並沒有明確的男女標識，他就會在門口徘徊。而如果此時，一個男人突然從裡面走了出來，他就會放心地進入洗手間。

但是，從眾心理在一定程度上會促使虛榮心的產生。心理學家古斯塔夫‧勒龐指出，群體中的每一種情感和行為都極具感染性。他在《烏合之眾》中提出了群體無意識的觀點，表示人們在群體中做出的判斷，基本上由情感、本能、欲望等因素決定，而理性因素起到的作用微乎其微。

於是，這就導致出現了「只要別人有的，我也不能少」的觀點。在一個教育節目中有這樣一個案例，講述了一名十六歲女生對父親的控訴。女生的家庭情況並不富裕，父親只是一名普普通通的保安。她告訴主持人，自己因為向父親要錢而挨打。而女生需要錢的目的有很多，比如買一些新潮的衣服、請同學吃飯等。她還要求父親為自己買一部蘋果手機，並毫不遮掩地說：「同學有的東西，我也要有。」買手機的理由是擔心受到同學們的嘲笑，並揚言說：「我就想讓同學知道，就算我爸爸是一名保安，他也同樣能夠供我上很好的大學，給我買很好的東西。」

在現實的大環境中，很多人都會因為虛榮而做出這種從眾行為。但是，我們無法否認人與人之間，無論在能力上還是實力上，一定會存在差距。如果不慎重考慮自身情況就盲目從眾，很可能使自己的處境更加糟糕。別人也許家庭富裕，為自己買一件價格昂貴的商品，並不會影響其正常的生活水準，而你卻需要依靠信用卡等借貸工具，勒緊褲腰帶過日子，這種消費方式很可能令自己陷入惡性循環。況且，適合他人的東西未必適合自己。比如一個朋友買了一支名牌口紅，你也馬上入手一支，然而，口紅的顏色卻並不適合你。

從眾心理本身並不具有危害性，但是，它會因為大眾的錯誤判斷或個體對自身能力的錯誤估計，而導致不好的結果。所以，當我們出現從眾心理時，我們需要站在旁觀者角度審視自己，審視我們的欲望，思考我們對當下渴望的物品是否真正存在需求，從而培養獨立思考、自主判斷、明辨是非的能力，進而讓我們意識到自己的獨特和個性，遵從本心做事，獲得自我認同感，在群體中保持自己獨特的優勢和創造力。

自卑心理：越是自卑的人越虛榮

在現實生活中，你永遠不會知道自己在他人眼中是一個什麼形象，即使你做得再好，也會有人指出你的缺點。因為每個人的生活環境、思維方式不同，導致看待問題的角度也有所不同。然而，有些人為了在所有人心中樹立起一個良好的形象，會極力掩飾自身的不足，偽裝成一個完美優秀的人。這種虛榮就是自卑心理在作祟，而且，越自卑的人越是虛榮。

在心理學上，自卑屬於一種性格缺陷，表現為對自己的能力和品質評價過低，總感覺自己比不上他人，會給人帶來消極的情感體驗。自卑心理可以簡單分為兩種：一種是擔心他人看見自己；另一種是擔心他人看不見自己。前者是由於個體缺乏自信，並不斷地否定自己，經常用自己的缺點和他人的優點做比較，導致在社交過程中沒有主見，總是隨波逐流。比如外出聚餐時，我們不願點餐，百般推託，就是擔心自己點的菜讓其他人不滿意。

而後者表現為對外界的資訊極為敏感，渴望得到他人的關注與重視，擔心被他人忽略。這種心理就是因為太過在意他人對自己的評價，而且任何的負面評價都會導致他們內心激烈的衝突，使個體感受不到自身價值。為了避免這種情況的發生，他們就希望通過某些快捷的方式獲得他人的認可和尊重。比如在介紹自己的時候，以一大串頭銜來提升自己的優越感。「我是一個來自教育世家的孩子，父母都是大學教授，丈夫是一名公務員，我現在是一家企業的高管，不過近幾年我打算自己開一家公司……」

自卑心理也可以看作對現狀的不滿足以及對更高目標的追求，是一個人趨向優秀的動力。然而，當一個人的欲望越強烈時，就越難以感到滿足，從而更加執著，也就越加痛苦。

越是自卑的人，就越希望能夠在別人面前呈現出自己完美的一面，他們懼怕任何對自己不利的負面評價。於是，在每個人面前都表現得小心翼翼，面對比自己優秀的人，他們將自己偽裝成一個成功的人，來滿足自己的虛榮心；面對陌生人，他們會盡力鼓吹自己的優秀，彰顯自己的優越感。

他們的所作所為就是在試圖以一張又一張的面具，來塑造一個完美的自己。然而，在大多數人眼中，這種刻意表現出的光鮮華麗，不過是一種浮誇與虛榮。就像是十個瓶子只有八個蓋子，你為了掩飾這種缺憾而不斷調換瓶子，疲於奔命，試圖證明這十個瓶子的完美，而在他人眼中，這不過是一件無益且可笑的事情。

韓劇《請回答一九八八》中有一段經典的表述：「**人真正變強大，不是因為守護著自尊心，而是在拋開自尊心的時候。**」任何試圖用這些外表的假象來努力填補內心自卑的缺陷的行為，都是徒勞無功的。我們要學會接納內心的負面自我，雖然現實與理想的差距會讓我們感到難過、焦慮，但這種體驗會讓我們擁有更強大的動力去追求美好。逃避和自欺欺人永遠不會幫助我們逃離自卑的苦海，一旦我們通過努力超越他人，我們就能感覺到真實的優越感，從而更加努力地去提升自己，而不是終日活在虛榮的假象中，碌碌無為。

心理學家阿德勒曾說：「一切人類文明都是基於自卑感而發展起來的。」生活的苦難並不足以使人自卑，一個人的退縮與逃避，不過是作繭自縛罷了。所以，請掙脫自己身上的束縛，破繭成蝶，仔細看一看這個美好的世界，告訴自己，人生中還有很多比自卑更重要的事情等自己去做。

補償心理：越是缺什麼就越炫耀什麼

如今，隨著網路技術的飛速發展，社交群組朋友圈成為人們分享生活與感悟的最好平臺。我們經常在朋友圈中看到一些人通過曬美食、曬聚會、曬旅遊等方式，向所有人展示自己的生活狀態。然而，很多時候，他們的炫耀不過是為了滿足自己的虛榮心，而**一個人越是炫耀什麼，內心就越是缺少什麼。**

從心理學角度來看，每個人都有自我補償和降低焦慮的需要。而補償心理恰恰是一種能夠維持個體心理平衡的機制。補償心理的產生是由於個體的生理或其他方面造成了心理上的痛苦，從而對自身進行補償。這種「補償」指的是當個體因主觀或客觀原因導致心理失衡時，試圖通過某種表現來緩解或消除內心的不安情緒，恢復心理平衡的一種內在活動。

理想與現實之間的差距總是無可避免的，人們心中的失落感也正由此產生，但在這種狀態下，補償心理能起到至關重要的作用，它往往能夠給予人們勇氣，幫助人們打破內心的桎梏。比如如果我們不屈服於困境，不甘心於現狀，就會在補償心理的作用下，變得頑強，努力地改變，獲得補償。

然而，如果我們過於貪戀「補償」帶來的優越感，就很可能變得越來越虛榮。我們會跳過努力的過程，直接向他人展示自己虛假的成功，用以維持內心的平衡和虛榮，收穫他人的認可和羨慕。久而久之，我們就總是將自己暴露在聚光燈下，展示虛構的自我，享受幻想中的優秀。很多人習慣性將各種奢侈品掛在嘴上，就像一些女孩往往在見到別人的口紅時，會表示自己有多少支口紅，分別是什麼牌子，而且將每個品牌的口紅的優劣分析得頭頭是道，然而，你卻從未見到她塗過這些口紅。

真正有智慧的人往往在大眾面前表現得謙遜且低調，只有那些愚蠢的人才會四處顯露自己的「聰明才智」。一個積極行善的人，從來不會將自己捐了多少錢、對社會做了多少貢獻掛在嘴邊，反而是虛榮的人才會肆意宣揚自己如何行善、如何救困扶危。就像作家亦舒所說：「真正有氣質的淑女，從不會炫耀她所擁有的一切，她不會告訴別人她讀過什麼書，去過什麼地方，有多少件衣服。」

一個人之所以炫耀，恰恰是因為擔心自身的不足被他人發現，於是，他們才會想盡辦法在外在的形式上吹噓和炫耀自己，試圖給他人一種錯覺。然而，這種方式本質上是一種自欺欺人的行為，他們不過是想要通過炫耀來掩飾自身的缺陷和不足罷了。就如同刺蝟一樣，一旦遭遇危險，牠就會蜷縮成一團，將身上的刺衝著敵人。在表面上看是一種極具威懾性的行為，而實際上，牠越是瘋狂地表現進攻的欲望，越是在極力掩飾內心的恐懼和無力。

《人性的弱點》中有一個經典案例：一名女士的婚姻生活充滿了不幸，她的丈夫長期在外面拈花惹草。她一直希望兩個人能擁有一個孩子，但事實卻令人感到遺憾。身邊的女性朋友都被幸福包圍著，有關心愛護自己的丈夫，也有體貼懂事的孩子。為了平衡自己的心理，以免遭受他人的嘲笑，她經常吹噓自己很幸福，雖然自己的婚姻最終以離婚收場，但在很長一段時間裡，某位紳士一直在追求自己。在對方強烈的攻勢下，她選擇和紳士結了婚，並且有了一個屬於自己的孩子……然而，不久之後，這名女士在瘋狂的自我吹噓中發了瘋。

美國哲學家杜威表示：「人類本性中最深刻的驅動力，就是希望受到重視，一旦此需要受到挫折，便會造成精神上的一些失常，從而會在自己所編造的幻境中，找到在真實世界中無法獲得的自重感。」確實，這種虛假的吹噓和炫耀能夠短暫維持我們的心理平衡，緩解焦慮情緒。然而，我們將自己所缺乏之的東西以一種不合理的方式呈現出來，很容易讓對方產生一種錯覺，從而做出一些不明智的判斷，一旦對方獲知了真正的情況後，就會對這種虛假感到厭惡，最終選擇敬而遠之。對他人而言，不過是揭穿了一個謊言，而對你來說，就意味著失去了一個朋友。任何謊言都有被戳破的一天，我們吹噓炫耀得越厲害，在被揭露之後就越會無地自容。

所以，我們要正確地認識自己，不要被形式主義和虛榮心影響自己正常的生活。完美只是存在於我們美好的憧憬中，現實中的每個人都有著各種各樣的不足，無論是財富、地位，還是身體、智慧，我們不可能擁有自己所期望的一切。既然如此，倒不如理性地看待自己，接納自己的缺陷和不足。

面子心理：打腫臉也要充胖子

魯迅先生曾說：「面子，是中國人的精神綱領，只要抓住這個，就像過去拔住了辮子一樣，綱舉目張，全身都跟著走動。」大多數人都把面子看得很重要，因為面子能夠給人帶來一種榮耀和心理的滿足。比如有些人明明經濟條件不太好，卻總是裝作很有錢的樣子；一對貌合神離的夫妻，寧願忍受婚姻之苦，也不願丟掉面子去離婚，以免遭受他人異樣的眼光。

法國作家莫泊桑在《項鍊》中講述了這樣一個故事：馬蒂爾德是一位漂亮的女子，雖然社會地位不高，卻迷戀奢華的貴族生活。為了參加一場盛大的宴會，她用丈夫辛苦攢下的四百法郎買了一件禮服，又向自己的好友借了一條鑽石項鍊。在宴會上，她出盡了風頭，盡情享受周圍人豔羨的目光，她的虛榮心得到了極大的滿足。然而，回到家之後，她發現項鍊竟然不翼而飛了。為了保住自己的面子，她選擇隱瞞這件事，並暗中賠償好友。從此，夫妻兩人過了十年節衣縮食的生活，直到有一天，她的好友知道了這件事，才告訴她那條項鍊只不過是廉價的人造鑽石項鍊。就這樣，馬蒂爾德白白辛苦了十年。

面子，其實就是人們心中的一種社會地位的體現，是達到某種成就所獲得的聲望。而從心理學角度出發，這種過度在意外在形式的表現，是為了掩飾內心的自卑、恐懼等心理。一個看重面子的人，經常以財富的多寡來衡量一個人的價值和地位，竭力追求浮誇，用以避免暴露自身的不足。然而，當他們不顧自身的經濟條件，打腫臉充胖子，來獲得他人虛假的稱讚與敬重時，就容易加重自己的經濟負擔。在一次闊氣之後，可能需要付出幾倍的努力才能償還。比如一位好朋友過生日，其他人大多送了價值三千元左右的禮物。而你根本沒有足夠的能力去送一件如此昂貴的禮物，但是，為了避免遭受他人的輕視，維護自己的面子，你寧願向他人開口借錢，也不願送一個在自己承受能力之內的禮物。事實上，人與人之間的感情並不是通過禮物的貴重來衡量的，更多的時候，對方看重的是一份心意，而不是價值。

有一件曾經在社會新聞上引發大量關注的事：一位六十多歲的清潔工，居然是身家過億的拆遷戶，因為退休之後沒有事情做，就想找一份工作。他認為清潔工人的工作就很好，能夠幫助市容變得更加整潔乾淨。所以，一個人在面子上的表現並不能證明一個人的實力，更不能證明一個人的價值。

如果一個人總是將「窮」當作沒面子的事，熱衷於打腫臉充胖子，花錢大手大腳，時間一長，自身的生活負擔就會加重，從而產生焦慮、煩躁等負面情緒。其實，我們的形象最終是需要他人來決定的，這也就意味著，即使我們在人際交往中費盡心機，一擲千金，可能也無法贏得對方的尊重。也許，某個人並不刻意追求面子，在交往過程中更加務實，反而會獲得面子。

宋朝神宗年間，蘇軾出任杭州通判。他在杭州做官的時候，經常外出遊玩。有一次，他來到了一間寺廟，寺廟的方丈見到來者衣著樸素，心中不以為意，十分怠慢地說：「坐。」然後吩咐小和尚說：「茶。」

方丈與蘇軾閒聊幾句之後，發現此人談吐不凡，一定是具有真才實學的人。為了表示對他的尊重，方丈將他請到廂房內，恭敬地說：「請坐。」吩咐小和尚說：「敬茶。」兩人相談甚歡，深交之下，方丈才知道他正是大名鼎鼎的蘇軾。方丈變得手足無措，連忙起身作揖說：「請上座。」又對小和尚說：「敬香茶。」

臨別之時，方丈請求蘇軾為寺廟題字，蘇軾靈機一動，提筆寫下了一副對聯：「坐，請坐，請上座」「茶，敬茶，敬香茶」。方丈看後，羞愧不已。

從開始的輕視，到最後的敬重，蘇軾以自己的才學收穫了他人發自內心的尊重。我們要知道，實力才是衡量一個人價值的真正標準，讚美與認可並不能通過炫耀和做作獲得。你有多人的實力，別人才會給你多少面子。就像網路上有段話所說的：**「當你放下面子賺錢的時候，說明你已經懂事了；當你用錢賺回面子的時候，說明你已經成功了；當你用面子可以賺錢的時候，說明你已經是人物了。」**

若一個人總是凝視他人的內心，可以想像，他的內心早已荒蕪。每個人的人生都有各自的價值和意義，很多人無法拋棄的面子不過是一塊難以啟齒的遮羞布。我們不必總是將他人的眼光和評價看得過於重要，只有不斷努力，強大自身，才能讓對方主動送上面子。就像電影《霸王別姬》中說的那樣：「人，得自個兒成全自個兒。」

攀比心理：就是見不得別人比自己好

攀比是生活中常見的現象，總有一些人在別人晉升之後，暗中嘲諷對方只會憑藉關係上位，見到曾經與自己平起平坐的人，如今穿名牌、開豪車，語氣和表情都變得不自然。其實，對於每個人而言，快樂與煩惱往往不是源自事情的本身，而是源於我們看待問題的態度。因為他人的得志，而憤恨自己的失意；因為他人的快樂，而放大自己的痛苦。正如詩人彌爾頓所說：「**意識本身可以把地獄造就成天堂，也能把天堂折騰成地獄。**」

網上有這樣一個故事：南美洲原始森林中有一種名為翠波鳥的鳥類，因顏色翠綠且帶有一圈像波浪一樣的灰色紋理而得名。翠波鳥熱衷於築巢，所以，牠們整天忙忙碌碌，顯得無精打采。牠們的鳥巢讓人印象最深的特點就是大，翠波鳥的體長不過五釐米，而牠們的巢穴卻要比自身大幾倍，甚至十幾倍。

萊奧托是一位動物愛好者，為了解開這個謎題，他捉來一隻翠波鳥來觀察牠築巢的過程。令人感到費解的是，這隻鳥只建造了一個能夠容下自己身體的鳥巢，就停止了築巢。然而，當萊奧托將另一隻翠波鳥放進籠子時，第一隻翠波鳥見到對方築巢之後，馬上開始瘋狂地擴建自己的鳥巢，導致兩隻鳥巢越來越大。最終，第一隻鳥力竭而死，另一隻鳥在牠死後就停止了築巢。

這種舉動像極了人類社會的攀比行為，當對方在某方面優於自己時，個體會拚盡全力來超越對方。攀比在心理學上是一種趨向於消極的心理特徵，解釋為當一個人與自身參照出現偏差時，產生負面情緒的心理過程。一般來說，存在攀比心理的人往往與參照個體存在很大的相似性，從而導致自己獲得對方同等認可的需求變得強烈，甚至出現極端的心理障礙和攀比行為。

攀比是一把雙刃劍。適度的攀比能夠令個體在感受雙方存在的差距後，激發個人的潛力，通過不斷的努力獲得相同或超越對方的成就。但是，過度的攀比是一種不健康的心理，它會導致個體刻意在智力、能力、生活條件等方面和他人進行比較，並渴望超越對方。然而，一旦他們沒有達到自己的預期，就很容易導致情緒障礙，變得牢騷滿腹，並出現自己一無是處的錯誤認知。而且，盲目的攀比會讓人在追求虛榮的過程中逐漸迷失自己，白白耗費掉珍貴的光陰，也對正常的工作和生活造成不利的影響。

西晉時期，有一位富豪名為石崇，他聽說洛陽城首富王愷在當地很有名氣，就想和他比一比。王愷見到初到洛陽的石崇比自己還要奢侈，開始大肆鋪張浪費，想要壓過對方的風頭。石崇聽說王愷家用飴糖水刷鍋，他就命令廚房將蠟燭當柴火燒。當時，權貴出行講究排場，道路兩旁需要屏風一樣的布幔來遮擋風沙，王愷為了炫耀自己的富有，用紫綾和名貴的布料製成了長達四十里的屏風，轟動了洛陽城。而為了壓倒王愷，石崇命人用比紫綾更加貴重的彩緞鋪設了五十里的屏風，更加豪華。

為了贏過石崇，王愷向自己外甥晉武帝請求幫助。晉武帝覺得這樣的比賽很有趣，就將皇宮裡收藏的一株兩尺多高的珊瑚樹賜給了王愷。當日，王愷設宴邀請石崇和一批官員，在宴會上，石崇故意打碎了珊瑚樹。王愷等人十分憤怒，質問他為什麼這麼做。

石崇回答說：「您用不著生氣，我還您一株就是了。」於是，他派人從家裡搬來了幾十株珊瑚樹，讓王愷挑選。這時，王愷才意識到自己的身家遠遠比不上石崇。而最終，石崇也因為自己的財富遭到小人的誣陷，被人殺害。

莎士比亞寫道：「你要留心嫉妒，那是一個綠眼的妖怪。」而攀比心理就是需要我們注意的一種嫉妒。其實，我們在生活中突然感到難過，對曾經的某些事感到懊悔和悲傷，都是一種正常的現象。我們應該保持一種積極的態度，接納現實的不幸，放下心中的執著，沒必要總是一山望著一山高。攀比，在本質上是一件毫無意義的事情，因為，它對我們所面臨的現實毫無裨益。所以，我們沒有必要見不得別人比自己好，選擇通過攀比來滿足自己的虛榮心。

每個人的成功與榮耀都是經過長期的積累和努力獲得的。大多數人眼中的美好人生，其實背後也有著很多我們無法看見的心酸。所以，明確自己的人生目標，找到自己想要的生活狀態，才是最重要的。我們在努力的過程中，享受不斷靠近目標的成就感，才是最美好的事情。

自戀心理：享受別人的羨慕嫉妒恨

生活中，我們經常可以看到很多人在朋友圈中曬自拍、曬包包。他們的活躍度極高，幾乎每一條評論或點讚，都會及時回覆，享受這種萬眾矚目的感覺。但是，總有一些人經常在言語或行動中彰顯自己的優越感，以獲得他人的羨慕與尊重，使內心得到滿足，這就是由於過度自戀導致的虛榮心理。

「自戀」一詞源自希臘神話。希臘女神厄科因受到懲罰，只能重複他人的最後一句話。她愛上了河神之子納西索斯，卻遭到了對方的拒絕。納西索斯對厄科說：「別夢想我為你著迷！」厄科重複說：「我為你著迷，我為你著迷……」不久之後，厄科抑鬱而死。

為了懲罰納西索斯，復仇女神涅墨西斯讓他愛上了自己在水中的倒影。納克索斯被自己的倒影迷住，卻又無法得到它。他死後便化作一株水仙花，永遠開在水旁邊。

自戀是個體對自己過於自信的一種陶醉入迷的心理表現。自戀者有明顯的個人主義和利己主義傾向，在生活中表現出過度愛慕虛榮，經常通過各種外在形式展示自己優越的一面，享受他人的羡慕與嫉妒，獲得心理的滿足感。

在現實生活中，有這樣一類女人，她們對男人的追求既不接受，也不拒絕，周旋於眾多男人之間。在她們眼中，與很多男人存在曖昧關係，是一種證明自我魅力的方式。同時，這種病態的自戀，讓她們對自己的一言一行存在較強的敏感度和自律，即使是自身的缺點，也會被賦予色彩。她們無時無刻不在關注能夠展示自己魅力的時機，儘管這種魅力在他人眼中可能慘不忍睹。

老舍在《離婚》中刻畫了一個令人討厭的角色——小趙。他不僅品行不端，而且喜歡處處表現自己的優越感。有一次，同事老李將鄉下的妻兒接到了城市中，小趙故意將他們接到了同事聚餐的西餐廳。老李的妻子從沒有吃過西餐，甚至沒有進過西餐廳，所以，對吃西餐的禮儀、方式等一竅不通。明知對方如此難堪，小趙卻故意令對方出醜，以各種言語誤導，令他們出盡了洋相。

這種炫耀在很大程度上源自因自身天然的優勢而產生的優越感。很多自戀者過度追求虛榮，總是自以為了不起，給人一種咄咄逼人的感覺。比如在同學聚會中，一些人不斷炫耀自己的工作、家庭等，通過他人的羨慕、讚美的話達到自我滿足的目的。然而，這種對虛榮近乎病態的追求，會給人帶來一種浮誇，甚至小人得志的感覺。盲目彰顯自己的優越感，往往會遭到他人的反感與排斥，影響正常的人際關係，甚至得到一個「搬起石頭砸自己的腳」的結果。

在一場作家們的宴會上，一名穿著樸素的女作家坐在角落裡，她只是出於禮節，不得不參加這場宴會，因此選擇躲在角落裡享受片刻的安靜。一位衣著光鮮的作家看到了她，認為她只是一個不出名的小作家，於是，他佯裝禮貌地接近女作家，詢問說：「請問小姐，您是作家嗎？」他樂於接近這個遠離宴會中心的女人，就是想要展示自己。

女作家回答說：「是的，先生。」她本不擅長交際，也不喜歡這種場合，只能出於禮貌做出回應。

男作家又問道：「那麼，不知道您寫了哪些大作，可否讓我拜讀一兩部呢？」

女作家回答說：「我只是一個寫小說的，談不上什麼大作。」

此時，男作家更加肯定對方不如自己，就開始有些傲慢：「您也是寫小說的，那麼我們算是同行，我已經出版了幾百部小說，不知道您出版了幾部？」

女作家回答說：「一部。」

男作家不依不饒，問道：「您寫的小說名字是什麼？」

女作家淡淡地回答了一個字——《飄》。男作家聽完，目瞪口呆，隨便找了一個藉口離開了。

心理學家阿德勒曾說：「自卑感和追求卓越感是人生同一個基本事實的兩面，二者不可分割。」我們希望通過否定他人的不足，以彰顯自身的優勢，獲得滿足感。然而，這種行為很可能會令對方反感，認為我們眼界狹小。也許，在他人眼中，我們的種種炫耀行為只是一種可笑的行徑罷了。就像俗話說的：「孔雀開屏的時候，也露出了屁股。」

低自尊：過於看重別人的評價和看法

虛榮心強的人非常在乎別人的看法和評價。比如在與他人交談時，他們總是談論自己的長處和優勢，極力想要維持一個完美的形象，且容不得半點負面評價。為了避免對方對自己心生不滿，他們在溝通過程中顯得畏首畏尾，不斷揣測他人的情緒，以至於越擔心越容易犯錯，乾脆閉口不言。

而且，過於看重他人評價的人，內心比較脆弱，他人的一句話就能夠讓這些人的心情跌入低谷。一位女孩在諮詢時，講述了自己的經歷：有一次，她在公司走廊中碰到了自己的領導，就開口向對方問好，對方雖然看到了她，卻沒有搭理她。於是，她就開始擔心自己哪裡犯錯得罪了對方。下午的時候，她在茶水間多待了一會兒，發現領導有意瞥了自己一眼，眼神看起來不太友好，領導的舉動導致她一整天都戰戰兢兢的。

我們為什麼會過於在意他人的評價和看法？美國社會心理學家查理斯・霍頓・庫利認為，個體能夠根據他人的看法和反應來構建自我形象。在幼年時期，個體在構建自我認知、建立自我概念的過程中，會將他人的評價作為調整自身行為方式的依據。這也就意味著，當一個孩子無法獲得積極有效的回饋，總是受到批評、忽視，甚至虐待的時候，就無法建立自我存在感和價值感。

長此以往，那些自我存在感缺失的人，就會為了迎合他人而隱藏自己，將自我價值感建立在別人的評價上，希望通過他人的肯定，來確認自己行為的正確性，也就會更加在意他人的評價和看法。

當他人做出積極的評價時，個體心中的某種需求感會得到極大的滿足，讓人產生一種幸福愉悅的感覺。如果一個人無法控制對這種愉悅情緒的需求程度，就會在心理上依賴這些評價。一旦別人的評價變成負面的，整個人就會陷入焦慮，甚至出現心理疾病。就像張愛玲所說：「**活在他人的眼中，迷失自**

我，是人生最大的悲劇。」

你不可能做到人人滿意，所以，我們要讓自身的看法與外界保持相對的獨立，在尊重他人的前提下，客觀分析每一件事，將最終的決策權留給自己，從真正的自我中獲得滿足感和優越感。他人的看法和評價不過是為了幫助我們更全面地認識自己，進而強大自己。所以，當有人對我們做出評價時，我們一定要做到：

1. 看到自己

習慣性迎合他人的行為的產生，是因為人們在一定程度上會忽視自己內在的情緒和感受。所以，當我們面對他人的評價時，一定要瞭解自己的真實狀態。比如通過深呼吸安靜下來，嘗試感受內心的情緒，體會內心的衝動。

2. 認識自己

當我們能夠體會真實的自我時，就需要分析這種情緒和衝突的來源。我們可以詢問自己：「為什麼會產生這種情緒，我的需求是什麼？」「為什麼我會出現這種需求？」「為什麼我需要他人的肯定？」在逐步剖析各種層次的原因之後，我們就能夠看清自己，對自己有一個明確的認識。當我們在面對他人的看法和評價時，就不會盲目地選擇迎合和逃避。

3. 接納自己

當我們接收到他人給予的負面資訊後，要懂得接納自己的缺點和不足。如果我們深陷在自己的缺點裡，就會產生自卑情緒，阻礙我們今後的成長。

三毛曾經說過：「我們不肯探索自己本身的價值，我們過分看重他人在自己生命裡的參與，過分在意別人的評價。於是，孤獨不再美好，失去了他人，我們惶惑不安。」

人生短短幾十載，我們要努力讓自己活得更加肆意，不要被外界的資訊所束縛。過於在意他人對自己的看法，會使我們活得很累。每個人都有自己獨立的人生，我們沒有必要為了迎合他人，而讓自己陷入虛榮的漩渦中。

第四章 揭開假自我的面紗，面子不是偽裝來的

偽努力：別用表面上的勤奮掩蓋內心的懶惰

網上有一個新名詞：「懶惰的勤奮人」，是指一些缺乏明確的目標、合理的方法，只是一味埋頭努力的人。

習慣偽裝努力的人最大的特點，就是將大量的時間和精力投入在一些瑣事上，製造出一種自己看起來足夠努力的假象。在看似熱火朝天的「努力」中，他們甚至都不清楚自己在做什麼，只是像一隻無頭蒼蠅一樣亂飛亂撞。

偽裝努力的人另一個特點是不專注，常常是一邊做事一邊玩手機。比如動不動就發個凌晨加班的自拍，配一句雞湯勵志文，以顯示自己多麼努力。

這種止於表面的努力並不會得到我們所期待的結果，反而會暴露出能力存在缺陷的問題。

那麼，我們為什麼要假裝很努力呢？

1. 為了緩解焦慮

在一座充滿競爭的城市裡，一個會聚了各種人才的CBD（中央商務區）中，所有的人都行色匆匆，唯有你十分悠然，你是否會覺得自己與這個寫字樓，甚至這個城市格格不入？作為一個清閒的另類，你會開始焦慮。為了緩解這種焦慮，你就會加快步伐，跟上其他人的節奏。

2. 擔心不忙會被看不起

在快節奏的大環境下，「努力」是一個人具有上進心的標籤。如果你年紀輕輕卻清閒得像一個退休老人，大家表面上羨慕你，實際內心卻是鄙視的，鄙視你不努力，不上進。

在世俗的標準裡，將時間奉獻給工作和夢想，是值得炫耀的。這就使得一些人沉浸在「努力」所帶來的自豪感中，用忙碌的行為滿足自己的虛榮心。

3. 為了獲得老闆的重視

對工作而言，沒有一個老闆希望員工整天無所事事，每一份薪資都要對應相應的價值。於是，很多人為了應付老闆，也只能裝作很努力的樣子。還有一種情況，就是希望通過自己的「努力」來獲得老闆的重視，上班時間忙，下班時間也忙，暗示老闆自己一直在為公司做貢獻。

「偽努力」是一場刻意為之的鬧劇，更是一場充滿欺騙的表演。「偽努力」的人熱衷於工作或生活上的瑣事，給人一種積極進取的印象，用來迷惑他人，甚至迷惑自己。他們試圖通過表面的努力，尋求自我安慰，博取他人的認可和讚美。

你的「偽努力」對你來說，是一種自我安慰，在他人眼中很可能是一種無能低效的表現。那我們該如何走出「偽努力」的誤區呢？

1. 端正自己的態度

「偽努力」的本質就是花費大量的時間，去完成一件事情中最簡單的部分，而且在完成的過程中，你只願意完成自己最擅長的部分。而這種行為就是在配合自己表演，告訴他人，同時也是告訴自己，我在努力。所以，我們要端正自己的態度，讓自己走出舒適區，完成需要克服困難的任務，才算是真正的努力。

2.善於思考和反省

如果你每天到了下班時間，發現還有很多事沒來得及處理，不得不加班，就該思考思考自己的工作效率問題了。我們不只要努力，還要善於思考。如果一味埋頭苦幹，結果可能是做了很多無用功。勤於思考反省，才能找到更高效的努力方式，也才能確定下一個正確的努力方向。

3.自我檢測

我們可以不定時去檢驗自己完成了哪些任務，獲得了哪些成果。如果你只是「偽努力」的話，通過自我檢測，你就會意識到自己效率低下的問題。所以，懂得獲取回饋，才能使自己真正感受到自己的努力。

我們不能總想著用不同的方式來折磨自己，使自己變得忙碌，以求心安和他人的稱讚，這種行為不過是為了麻痹內心的懶惰，為自己的懶惰找到一個光明正大的理由。

所以，我們要及時認清自己，不要讓「偽努力」成全自己的懶惰。

偽精緻：真實和精緻並不矛盾

精緻是個受歡迎的詞，但很多人誤把精緻等同於財富。名貴的鞋子和包包，奢華餐廳和酒店的消費，限量版口紅，這些都成了朋友圈炫耀的精緻。其實，這不過是在虛榮心的驅使下的「偽精緻」。

偽精緻的人，表面光鮮亮麗，口袋空空如也是常態。甚至有人出門一個樣，在家一個樣。就像有的女性打扮精緻，每天盛裝出門，就算倒垃圾，也得化個妝，但住的屋子裡卻亂糟糟的像個垃圾場。

心理學家德西尼・朱拉德首次提出了「自我表露」的概念，指的是當個體公開展示自己真實或偽裝的生活時，能夠從中獲得一種「自發的」快樂。從心理學角度來看，「偽精緻」反映出的是人們對美好生活的嚮往。當一個人的實力無法滿足他的欲望時，他的虛榮心就會在不斷比較中逐漸膨脹。以下都是偽精緻的表現：

1.刻意追求儀式感

儀式感是讓我們停下來感受生活的方式，但是，刻意的儀式感只是精心偽裝出的美好。心理學家表示，當一個人的心理發展停留在嬰兒狀態時，就很容易產生全能的幻想，認為自己可以擁有自己喜歡的生活。在這種心理的支配下，人們就會刻意追求儀式感，比如一場放鬆身心的旅遊，無關景色，只是為了拍照，發朋友圈。

2.用物質衡量生活品質

當今社會消費主義盛行，使得很多人將物質和外表當作衡量生活品質的尺規。他們誤以為只有自己擁有帶有某種符號意義的商品，才能收穫他人的尊重和青睞，實現自我價值。他們覺得，一個人的生活需要擁有某種象徵或代表身分地位的奢侈品做點綴，才會顯得精緻。

3. 羨慕別人的精緻

網路的飛速發展，使各種各樣的社交媒體走進了人們的生活。在大部分人的社交圈中，總有一些人分享自己的生活，這些外界資訊無一不在刺激著我們對精緻生活的追求，於是，為了凸顯自己的價值，即使力不從心，也要偽裝出精緻的生活。

追求高品質的生活無可厚非，但是，如果僅僅只是將精緻的生活停留在表面，塑造出一個虛假的形象，註定會被「精緻生活」所累。我們可以增加生活中的儀式感，但不必為了超出自己能力範圍的「精緻」，讓自己無端遭受生活的壓力。

其實，真實和精緻並不矛盾。精緻的生活並不一定需要世人眼中的奢華物品作為點綴，而是需要懂得欣賞生活、享受生活。以下這些方法可以幫你達到「積極的」精緻：

1. 守住理性消費的底線

當我們打算用一些奢侈的物品來裝點自己的生活時，可以冷靜分析一下它所帶來的價值。就像一位社會調查人員曾說：「年輕人在追求精緻之前，可以先問問自己是否具備足夠的能力，評估一下追求這種精緻能夠為自己帶來什麼。理性地看待每一分錢的花銷，放棄一些『看起來很美』的事物，才是真實的開始。」

2.「斷捨離」

說到底，「精緻」是一種不受外界影響，發自內心的生活態度，也是對人生的深刻理解。山下英子放棄對物質的迷戀，只為了讓自己處於寬敞舒適的空間裡，她所推崇的「斷捨離」何嘗不是一種精緻。

當我們追求更多的東西時，所消耗的能量就會增加，也會浪費我們更多的時間。而「斷捨離」這種極簡主義的生活方式，能夠幫助我們從物欲中解放出來，讓我們明白自己所期待的生活到底是什麼樣子。

3.一草一木皆可精緻

真正的精緻是用心感悟生活的真諦，即使身處困境，也能自食其力，關注牛活的細節，活得淡然。大自然中的一草一木皆可點綴生活，就像林徽因在李莊逃難時，雖然住在偏僻簡陋的屋子裡，她卻從市場搜尋了一些老傢俱和舊書，為自己做了一個簡單的書架，在陶罐裡插滿了野花……她沒有奢侈的服裝與香水，依然活成了人們心中最美的樣子。

所以，精緻的生活並不是表面上依靠奢侈的物品來體現自己，而是需要從心裡認識到自身的價值，保持一種不講究的生活態度。**當你將真實的生活變得精緻，才是對生活最好的熱愛。**

偽幸福：真正的幸福從來不用「曬」

生活中，有些人總是喜歡在各種社交媒體上曬幸福。然而，當所有人都認為他們很幸福的時候，實際上他們卻並不幸福，這些人只不過是用炫耀的方式偽裝出一種假象，不想讓別人看到自己的狼狽。

過度「曬」自己的幸福，從心理學角度分析，「曬」的不是「幸福」，而是內心的虛榮與脆弱，其本質是一種渴望被關注和認可的表現。為什麼會出現這種情況呢？

1.自卑心理

不停地「曬」幸福，是一種在人際圈內展示自身優越感的行為，其目的是博得他人的讚美和羨慕，獲得自我滿足。這種行為恰恰暴露了人們內心的自卑，與其說幸福是「曬」給他人看的，不如說幸福是「曬」給自己看的。一般存在自卑心理的人，很難認識到自己的優勢，反而會習慣性否定自己。「曬」幸福的目的是通過他人的反應來肯定自己。比如一個女人經常對別人說「我的老公好愛我」之類的話，就是渴望通過感情上的優勢證明自身的優秀。

2.過度自戀

拉・洛克福庫德曾說：「**自戀，比世界上最善於欺騙的人更加善於欺騙。**」而過度自戀就是一種自欺欺人的心理狀態，使人在自己的幻想中高估自己的實際能力。於是，他們就需要在人際交往中獲得更多的關注和肯定來自我滿足，這種虛榮會促使他們做出「曬」幸福的舉動，享受來自他人的羨慕或嫉妒的目光。

3.缺乏安全感

一個缺乏安全感的人需要經常確認他人的愛。無論是外表還是行為，他們都解讀出一個隱藏的含義，這就意味著，在他們的認知中，每一段戀愛關係都存在很大的不穩定性，他們的內心就會出現一種恐慌，擔心自己被拋棄，所以，他們需要時時刻刻對自己進行暗示和催眠。於是，「曬」幸福是為了深層次曝光自己的情感，以求內心的安寧，使自己的戀愛關係更加穩固，獲得安全感。

4.匱乏的生活

也許，有的人並不是不想分享其他的事物，而是能讓他們炫耀的資源有限。他們每天與生活中大大小小的瑣事糾纏在一起，「曬」幸福可能是他們眼中唯一拿得出手的東西。

幸福是所有人都無法觸摸的一種內心情感體驗，所以，幸福並不是用來「曬」的，而是需要我們用心去體會。如果一個人的幸福需要依靠他人的羨慕和讚美來證明，那就不是幸福，而是一種虛榮，一種自我催眠。長期將目光放在如何「曬」幸福上，會讓我們過於關注表面的幸福，忽略經營真實的幸福，本末倒置，讓真正的幸福在不知不覺中從我們身邊溜走。

也許，我們的幸福真實且存在，但也要考慮一下周圍人的感受。內心的落差感難免會使人心生不悅，即使對方並不會出現負面心理，我們的炫耀依然會對他們造成傷害，喪失他人對我們的好感，甚至遭受嫉妒、嘲諷和白眼。

其實，更多時候，「曬」出來的幸福往往是給人看的，背後不知隱藏著多少辛酸和淚水。當一個人真正幸福時，他可能會忘記去「曬」自己的幸福。

一個人真正的幸福才是值得關注的風景，**懂得珍惜眼前的可貴，才是真正的成熟**。那些拼盡全力炫耀幸福的人，往往是急於用外在的欣欣向榮來掩飾內心的卑微和弱小。所以，面對幸福，我們要明白：

1. 生活屬於自己，無須炫耀

幸福只是一個人對生活的體驗，沒有必要敲鑼打鼓，讓全世界聽見。只有細心感受自己的幸福，不為世俗的虛榮所累，才能獲得命運更多的饋贈。真正的幸福是在生命中優雅地沉澱，「曬」幸福只會暴露一個人內心的匱乏。

2. 堅定內心，守住自己的幸福

一個人的幸福不存在於照片裡，也不存在於字裡行間，幸福一直都在心裡，只有堅定自己的內心，才能享受自己的生活，守住自己的幸福。與其將時間和精力花費在如何炫耀自己的幸福上，不如認真經營它，讓它常伴身旁。

3. 他人的評價不如內心的篤定

我們沒有必要期待他人的讚美與肯定，一個人的幸福並不會活在別人的眼中，而是存在於自己的心裡。他人的認可不重要，重要的是你能夠認可自己，肯定自己的幸福。所以，一個人的幸福，不必說給所有人聽，珍惜比炫耀更為重要。存在他人眼中的幸福遠遠沒有存在心中讓人更加安心。

偽學歷：那些學歷造假的人後來都怎樣了？

無論是求職面試，還是相親擇偶，學歷都具有非常高的參考價值。然而，這種社會需求卻讓學歷造假成為屢禁不止的社會現象。

我們不得不承認，學歷是一個人的標籤，也是評判一個人的重要依據。在大環境的影響下，高學歷的人往往能夠獲得更多的機會和尊重，而低學歷的人不但處處受限，甚至還會經常遭到他人的歧視。那麼，為什麼一些小有成就的人依然會去觸碰學歷造假這枚定時炸彈呢？

1. 能力優秀也無法彌補的學歷自卑

一個人的學歷往往不能代表他的能力，卻會影響其他人對他的判斷。自卑心理往往會導致一個人過於在意外界的看法，無法接納任何負面資訊，甚至需要他人的評價來肯定自己。有些人擔心自身的低學歷會讓外界對自己的能力產生懷疑，從而需要偽造高學歷來避免這種情況的發生。

2. 鍍金心理，增加競爭籌碼

隨著大學生人數的增加，各大企業的招聘門檻隨之提高，並且限制求職者的學歷。而這種情況就導致了眾多畢業生出現了就業難的問題。而「偽學歷」往往能夠幫求職者在求職面試中獲得很大的優勢。於是，很多人就會選擇偽造一個國外的高學歷來為自己鍍金，以增加競爭的籌碼。

3.無奈的心理，環境因素影響認知

學歷的高低對當下的人環境而言，具有很大的影響。如果一個人擁有名校學歷，這就意味著他在就業方面擁有更多的選擇。然而，對大多數人而言，高學歷是一種可遇而不可求的東西，為了生存，偽造學歷實屬無奈之舉。

曾經有媒體報導過一起偽造學歷的案件，當事人表示，當初之所以偽造學歷，就是為了能夠獲得更好的工作。雖然很多企業表示，他們更看重一個人的能力，並不太在意學歷，但事實上，如果自己沒有一個足夠好的學歷，根本沒有展示能力的機會。

對於偽造學歷而言，學校、社會等方面的限制都屬於外部環境原因，但直接受到懲罰的還是個人。偽造學歷，不僅會受到社會的譴責，還要承擔一定的法律責任。這種不可取的造假行為往往會使人搬起石頭砸自己的腳。而且，即使你偽造學歷僥倖蒙混過關，一旦被企業察覺，一樣會失去這份工作。

所以，我們要正確看待學歷問題。

1.不要抱有僥倖心理

雖然一部分公司因某些原因，並不會核查每一個入職者學歷的真實性，但是，我們不能排除對方在後期例行檢查，紙終究包不住火。而一些大公司往往在學歷、經歷等方面要求嚴格，一旦核實到虛假學歷的存在，很可能被整個行業拉進黑名單。所以，千萬不能抱有僥倖心理。理性地看待自己的學歷，盡力去展示自己的能力，才是真正的求職態度。

2.學歷重要，能力更重要

學歷只是人生的起點，而不是終點。相較於學歷，努力提升自己的能力更為重要。如果你沒有相應的能力做支撐，高學歷也只是一個花架子。如果我們太過在意學歷，為了自己的虛榮心而不惜偽造學歷，不僅會給我們的徵信帶來影響，甚至深陷違法犯罪的泥潭。

偽富有：沒錢就不要裝大款

生活中存在很多「體面而悲慘」的人，他們即使無法保障自己的生活，也要強行將自己包裝成一個富有的人，以免因貧窮而受到周圍人的輕視和嘲諷。與大多數人相比，這種愛面子和炫耀的行為往往會出現在一些低自尊且經濟能力一般的人身上。

假裝富有是為了挽回面子或者維持面子，是一種極端的心理狀態。從心理學角度分析，一個經常假裝富有的人，是為了通過金錢來獲得周圍人的認可和尊重，他們認為自己表現得越富有，就越能夠讓對方欽佩自己。

這種極端的心理讓他們變得脆弱且敏感，在人際交往的過程中，希望自己時刻被所有人圍繞在中心。周圍的人無意識的言論和行為都有可能被他們曲解成輕視，於是，他們就企圖通過埋單的方式令所有人將他們視為中心，這是一種對被人需要的極度渴望，也是享受他人追捧的虛榮。

這種搶著埋單的行為也被看作維持朋友關係最有效的方法，消費也就變成了結交朋友的手段。於是，我們在各種場合就會看到，無論關係遠近，在聚餐或娛樂消費的時候，總有人在搶著埋單。而這恰恰是對自我形象的一種塑造，讓身邊的人產生一種錯覺：他真的很有錢。

《六韜引諺》中寫道：「天下熙熙，皆為利來；天下攘攘，皆為利往。」利益是人際交往中繞不開的話題，一個人財富的多寡往往意味著與他交際的人是否能夠從中獲取利益。於是，人們便開始不遺餘力地恭維「有錢人」，這種尊重就會令「有錢人」的虛榮心理得到極大的滿足。

然而，一個人的財富並不只是體現在日常的表現中，很多時候，「裝有錢」不僅無法達到滿足自身虛榮的目的，反而會讓人覺得是一種嘩眾取寵的行為。金錢是當今社會的必需品，卻不是衡量個人價值的標準，我們不能將金錢作為「萬能的神」來看待，更不能為了所謂的虛名而將自己置身於泥濘的生活。所以，我們需要正確地看待一個人的財富。

1.明確金錢的意義

我們無法否定金錢在經濟生活中所起到的作用，但也不能受金錢制約，成為它的奴隸。金錢只是一種實現自我的工具，並非是實現自我價值的手段。一個人真正的價值的體現首先源自內心對自己的正視。而且，金錢也不是萬能的，就像挪威劇作家所說：「金錢能買來食物，卻買不來食欲；金錢能買來藥品，卻買不來健康；金錢能買來熟人，卻買不來朋友；金錢能用來奉承，卻帶不來信賴……」

2. 樹立正確的金錢觀

合理、正確地使用金錢，才能成為金錢的主人。如果只是為了滿足內心的虛榮，將大量金錢花費在奢侈且沒有意義的事情上，那我們就會成為金錢的奴隸。樹立正確的金錢觀，能夠讓我們更加理性地對待金錢。對待金錢，我們應該將目光放在它的作用上，使之為我們服務，幫助我們更好地實現自己的目標，而不是將金錢編織成一件虛假的外衣，穿在身上供身邊的人欣賞。**物質財富只是人生的基礎，而精神財富才是人生的昇華**。合理地對待金錢，不要成為金錢的奴隸，而要做金錢的主人。

偽學習：你患上知識焦慮症了

如今社會資訊發達，很多人在求知欲的推動下，渴望將更多的知識轉化成自身的能力。但學習的目的，是將新的知識內化為自身的意識，變成一種潛意識的自動能力。然而，大多數人往往只是單一地汲取各種各樣的知識，卻來不及消化，於是，就出現了一種「偽學習」的狀態，甚至患上知識焦慮症。

就像生活中的某些人，熱衷於追逐各種「乾貨」（**編按：網路用語，泛指那些來源於自身親身操作或體會的課程或真實經驗分享，不含吹噓羼水成分，稱之為「乾貨」**），追捧各路「大神」，積極參加線下的知識交流會；習慣性收藏他人分享的各種學習資料，卻一直放在「我的最愛」裡；將自己所需的各種知識分門別類，立志在一定時間內學完，卻總是三分鐘熱度；經常看一些深奧難懂的圖書，等等。然而，這種不求甚解的學習方式，並不能給我們帶來實質性的幫助，無法在工作中發揮出學以致用的效果。最終，讓我們對自己的能力產生懷疑。

在毫無目的的學習下，我們對知識的匱乏感越來越恐懼，長此以往，我們的能力尚未得到提高，拖延症和焦慮症卻一天比一天嚴重。

既然耗費大量時間和精力的學習沒有實質效果，那為什麼我們很多人依然會陷入「偽學習」的誤區呢？

1. 擔心自己被淘汰

在如今快速發展的大環境下，各種新技術、新產品層出不窮，知識的更迭速度加快，使得我們對新的知識、資訊始終存在一種匱乏感。於是，我們就會擔心因自身知識儲備不足而落後於社會和他人，被時代所淘汰，從而產生一種心理恐懼。為了緩解這種令人不安的負面情緒，我們就會渴望緊跟時代的腳步，儘量讓自己多瞭解新的知識，學習新的技能。

2. 錯誤的自我認知

當一個人出現消極的心態時，總是會為每一件事幻想出一個糟糕的結果。有些人由於缺乏自信，對自身的能力產生懷疑，就會擔心自己的知識儲備已經無法滿足當前的職位需求。或者，身邊的人都在不斷努力提升自己，並且在人際交往過程中展示出更加長遠的見識和寬廣的知識面，就會令我們感到自己與他人存在較大的差距。於是，我們就希望通過學習來提高自己的能力，縮短與他人的差距。

3.不合理的目標

每一個人內心都存在一定的欲望和衝動，當他們的目標與自身能力不相符，以當前的知識儲備無法達成既定目標時，他們就會產生焦慮的情緒。為了緩解這種焦慮，他們就趨向於接觸更多的知識來提高能力，滿足自身的欲望。

對新知識保持求知的欲望是一種非常重要的態度，然而，盲目地學習、接收大量的資訊會令我們無端承受更多的心理壓力，甚至患上焦慮症等心理疾病，對我們的生理和心理造成不利的影響。有時候，我們無法掌握新的技能真的是因為學習能力不足嗎？其實，我們只不過是在不知不覺中陷入了盲目追求知識的「偽學習」狀態。

那我們該如何避免「偽學習」，並進入正確的學習狀態呢？

1.將目標視覺化

目標視覺化是指，我們不要單一追求某種知識，而是要明確自己的目標，認識到自己對新知識存在哪些需求。比如當我們準備租房時，我們就要列出自己對所需房子的各種要求，不要漫無目的地找房。所以，將目標視覺化，能夠提高我們的工作和生活效率，幫助我們按照既定方略學習新的知識。

2. 客觀分析問題

所謂「客觀」，就是指我們能夠站在全域的角度分析所面臨的問題，使我們更容易看透事情的本質。電影《教父》中有一句著名的臺詞：「那些花半秒鐘就看透事物本質的人，和花一輩子都看不清事物本質的人，註定是截然不同的命運。」所以，面對自己對新知識的需求，我們要找到問題的根源，看透事情的本質，才能使我們避免盲目學習。

3. 刻意練習

暢銷書作家丹尼爾・科伊爾在《一萬小時天才理論》中表示，一個人想要成為某個領域的專家，需要經歷一萬個小時的刻苦練習。一萬個小時其實指的是我們需要投入足夠的時間去學習和重複練習，並不是真的需要花費如此多的時間才能掌握某種技能。所以，當我們決定學習某種新的知識後，就要有規律、有計劃地進行練習，在不斷努力的過程中，我們還可以向一些專業人士請教經驗，以幫助我們在學習過程中優化和提高效率。

偽學霸：瞞著別人偷偷努力是什麼心理？

生活中總有一些人，上課的時候漫不經心，和別人交談的時候也會表示「我也不怎麼會」「我也沒怎麼學」。然而，每次他們的成績都會讓所有人瞠目結舌。別人只注意到他們經常和朋友一起打遊戲，卻不知道在沒有集體活動的時候，他們在圖書館認真看書、在晚上複習功課的樣子。他們總是偷偷地努力，不宣揚，不聲張，盡力讓自己維持一個「高智商」的形象。

工作中也有這樣一群暗自努力「野蠻生長」的人。他們在朋友圈中永遠輕鬆愜意，歲月靜好，午休溜出來逛街，甚至會「翹班」旅行，但給人的感覺就是自己好閒，一點兒都不拼。殊不知，他們的工作模式常常是睡前還在努力充電。他們只是不想讓別人看到自己的努力。

努力能夠提升一個人的自我價值，能夠更好地將理想和現實的距離拉近，那麼為什麼很多人卻不敢或不願光明正大地努力呢？他們究竟在想什麼？

1. 證明自己的智商

因為任何一個人都可以做到努力，人們就漸漸看重叫作天賦的東西，不想讓別人看見自己的努力。如果自己能輕而易舉地取得成績，就能證明自己的智商很高。

2. 擔心被群體孤立

每個人都存在對安全感的需求，而對群體的依賴能夠滿足我們這種需求。當一個人處於懈怠、貪圖享樂的大環境中時，努力提升自己的行為就顯得有些格格不入。為了避免成為他人眼中的「異類」，大多數人都會選擇與群體一致的行為來掩飾自己的努力。就像步入大學之後，大多數人在平常都會處於一種鬆懈的狀態，以融入集體，避免招致他人異樣的眼光，甚至被孤立。

3. 在意外界的評價

心理學家庫利認為：「對每個人來說，他人都是一面鏡子，個人通過社會交往瞭解到他人對自己的看法，從而形成自己的自我。」在童年時期，我們需要以他人的評價作為依據，形成自我概念。於是，我們總是渴望證明自己，努力將每一件事做好，渴望得到他人的積極評價。當現實中的自我出現偏差時，我們的心情就會十分低落。如果高調的努力卻沒有獲得所期望的結果，難免招致「他這麼努力，居然還沒有考出好成績」之類的冷嘲熱諷，讓我們本就低落的情緒雪上加霜。然而，偷偷地努力去做的事即使失敗，別人也無法對我們評頭論足。

4.享受他人的羨慕與稱讚

在大多數人眼中，努力是「能力低」的代名詞。為了體現自己的能力，他們往往會掩飾自己的努力，當自己獲得成功時，就能獲得更多羨慕的眼光和評價。比如「他明明沒有努力，但就是很厲害，是與生俱來的天賦吧，真羨慕他」等。而且，當他們失敗時，也能夠以沒有努力為藉口，避免被認為能力不足，緩解因失敗帶來的挫敗感和沮喪感。

當我們拼命掩蓋自己努力的痕跡時，我們在生理和心理上都會出現一種疲憊感。我們需要消耗額外的時間去努力，而且，當他人知曉我們背後的努力後，內心很可能會對我們產生排斥感，認為自己耽誤了我們的時間，從而對彼此之間的關係產生不利影響。那我們該如何正確看待努力這件事呢？

1.正確評估自己的價值

一個人的價值往往只取決於一個人本身，除了自己，沒有人能讓我們貶值。所以，我們要走出思維的誤區，無論外界如何評價我們，都無法影響到我們的自身價值。當你真正審視自己時，發現自己並沒有虛度人生，那麼你的人生就是有價值、有意義的。當我們能夠接受生活給予的一切狹隘判斷時，就不會通過他人的評價來肯定自己的價值。

2.確認自己的動機

動機指的是從事某種活動的念頭，在心理學上一般被認為是涉及一個人的行為方向、強度和持續性的因素。當我們在努力時，要確認自己的動機是為了提升自己的能力，而不僅僅是為了博得他人的羨慕與稱讚。同時，強化自己的動機在一定程度上會激勵我們不斷努力，追尋更美好的明天。

偽人脈：你不優秀，認識再多人也沒有用

《孟子》講述了一則故事：一個齊國人每天回到家中，總是表示自己已經在外面吃過飯了。妻子問道：「一起吃飯的都是一些什麼人？」他得意地回答說：「都是一些有錢有地位的人。」但是，他卻沒有帶任何達官顯貴來家裡做客，妻子為此心生疑惑。於是，她暗中跟隨丈夫，發現他根本沒有結交身分高貴的人，反而是在一堆乞丐裡討飯吃。妻子回到家中，淚流不止，對丈夫失望至極。然而，丈夫卻並未察覺到妻子的異樣，一如既往地在她的面前耀武揚威。

為了在他人面前樹立自己高大的形象，丈夫每天都吹噓自己認識很多貴人。而當他的謊言被揭穿的時候，留給他的只有嘲笑和鄙夷。

生活中，很多人喜歡吹噓自己認識多少厲害的人，炫耀自己強大的人脈，誤以為這樣就能夠與那些人平起平坐，而實際上不過是自欺欺人罷了，除了滿足自己的虛榮心，毫無意義。

從心理學角度分析，一個人習慣吹噓自己的人脈，是源自補償自我和降低焦慮的需要。比如一個業務員一開口就吹噓自己認識很多客戶，能夠為自己帶來多大的收益，然而這並不是事實。這就是源於心理補償，個體一方面通過強大的人脈關係來獲得認可和關注，另一方面降低心理落差，完成對理想自我的訴求。

案例中的齊國人就是心理補償的典型，在家庭對他的苛求和期望所帶來的巨大壓力下，他就會習慣性用吹噓來消除內心的不安和焦慮，以便提高自信心。這種行為的產生，外界的環境為一大原因，我們希望自己成就一番大事業，但現實的艱難令我們的心理不堪重負，而吹噓自己能夠緩解內心的壓力，同時也能在滿足虛榮的過程中收穫愉悅感。

但從心理健康角度來講，無論我們出於什麼原因而不斷吹噓，都會影響我們的心理健康。長期沉醉於虛假之中，會讓我們逐漸喪失真實的自我，而熱衷於虛假的自我，從而逃避現實中所面臨的問題。嚴重的會導致「誇大」「妄想」等精神疾病。雖然虛構出的形象能夠獲得短暫的尊重與追捧，但當謊言被揭穿時，就會給人留下沒有信譽的印象。而且，一味依靠他人來展示自己的強大，只會顯得自己卑微與低下。

那我們該如何正確看待一個人的人脈呢？

1. 人脈源自共贏

共贏是人際交往過程中最重要的一項原則，因為它符合人們對利益追求的本性。每個人都是自私的，自私是人們生存和發展的內在驅動力。當我們無法從他人的身上獲取價值時，自然而然就會輕視彼此之間的關係。換言之，如果自身不具備相應的優勢和能力，自然無法收穫真正的人脈。當然，這只是建立在社會上的人際交往，並非一概而論。所以，共贏是一個人在人際交往方面需要堅持到底的一種原則，只有這樣，我們的人脈才能夠保持一種良好的狀態。

2. 患難見真情

比爾・蓋茲曾說：「一個人永遠不要靠自己一個人花百分之一百的力量，而要靠一百個人花每個人百分之一的力量。」當一個人擁有的人脈廣時，可以使用的資源也會相應地增加，自身的實力也會隨之提高。但判斷一個人真正的人脈，依靠的是「患難見真情」。當我們風光一時無兩時，圍在身邊的朋友並不是真正的人脈，在我們生活窘迫的時候，依然樂於與我們交往並伸出援手的人才是我們的人脈。

梁啟超推薦陳寅恪擔任清華大學國學院導師，遭到校長曹祥雲的質疑。曹祥雲向旁人詢問說：「他有沒有著作？」梁啟超仗義執言說：「他沒有著作，也不是博士，但他的水準遠勝於我。」於是，陳寅恪成為了清華大學國學院四大導師之一。

俗話說：「有事鍾無艷，無事夏迎春。」很多人在用得著別人的幫助的時候，會竭盡所能和別人搞好關係，一旦對方失勢，就急於撇清關係。和這種人的友誼為遠遠不能算作真正的人脈。

我們要明白，無論人脈的多寡，炫耀都無法令其成為我們強大的資本，反而會暴露自身的虛偽和虛榮心。人生在世，我們認識誰不重要，重要的是我們決定成為誰。當我們自身變得強大時，就不需要向他人炫耀自己的人脈，因為，我們就是自己最大也最牢靠的人脈。

偽能力：做不到的事，別輕易承諾

一些虛榮心強的人，常常會誇大自己的能力，哪怕做不到的事也敢輕易許諾。

小茜在做一個員工大會上用的產品幻燈片時，發現自己關於資料的圖表做得不太理想。午飯時，她向幾名同事吐露煩惱，其中一位同事表示，自己學過製圖，這點兒小事是小意思，他讓小茜等會兒就把數據發給他。

然而，在大會開始前一天，她找到答應幫忙的同事詢問進度，對方卻說：「對不起啊，我還沒有做，你要是著急的話，先找別人幫幫忙吧。」

後來，小茜從別人口中得知，這個同事就是愛吹牛，根本就沒學過什麼製圖。小茜不明白的是，既然沒有能力幫忙，為什麼當時表現得那麼熱心？

這樣的人並不在少數，他們並非不知道自己的能力，但面對別人的求助，總習慣順口承諾，好像自己無所不能。結果是，別人帶著滿滿的希望去，而自己使出渾身解數也沒能辦成。承諾無法兌現，在令人失望的同時，自己的失信行為很可能讓他人對你產生鄙視心態，甚至厭惡、唾罵等行為。

既然自己沒有把握能夠完成對方所要求的事，那麼為什麼還有人輕易許下承諾呢？

1. 渴望得到別人的關注

輕易向別人許諾是一種榮譽價值較低的表現，很多人為了獲得他人的認可和讚美，經常通過炫耀、誇大自己的能力來引人注目。他們不講究實事求是，不考慮具體情況，只為了滿足內心的虛榮。尤其是在公共場合，無論對方提出什麼樣的要求，他們都會點頭，側面展示自己強大的能力，以獲得他人的讚美。

2. 討好型人格

討好型人格的人存在一種錯誤的自我認知，他們認為自己天生就是卑微的，需要用付出、妥協等方式來平衡內心對他人的虧欠感。面對他人的請求，因擔心拒絕會對他人造成傷害，他們就不忍心拒絕對方。討好型人格的人並不會意識到自己的討好行為，反而將其看成是他人對自己的關注和尊重。而且，當自身能力有限時，他們還會因無法兌現承諾而感到深深的羞愧，以至於不敢再向他人求助。

3. 依賴型人格

依賴型人格的人往往極度缺乏安全感，他們總是希望他人為自己生活中的大事做決定，將自己的需求依附給自己所依賴的人。而這種依賴型人格會導致我們因擔心被集體孤立而隨波逐流，因擔心無法處理好人際關係而影響自己的工作，從而不願拒絕他人的請求，甚至輕易向他人許下承諾。

4. 拒絕敏感

個體拒絕敏感的產生，源自當他向別人提出要求時，受到了拒絕創傷，從而導致個體敏感。這種拒絕敏感會促使我們通過肯定他人來獲得別人的肯定，而這種心理，就會讓我們變得不懂拒絕。

有人說：「話沒說出口，你是它的主人；話一出口，它就是你的主人。」意思就是，無論我們在腦海中如何分析、思考，都不需要對此負責，可一旦我們將話說出口，就需要對這些話負責。所以，在生活中，無論我們的能力是否能夠滿足對方的請求，都不要輕易許諾。

《禮記》中寫道：「口惠而實不至，怨菑（災）及其身。是故君子與其有諾責也，寧有已怨。」解釋為，當一個人對他人許諾卻無法付諸實現時，就會引起對方的怨恨或傷害。所以，我們寧可讓對方埋怨我們，也不要輕易許諾，並且，在許諾之前，一定要做到：

1.對事情有一定的瞭解

當我們受邀幫助對方解決一些事情時，我們一定要對整件事有一個充分的瞭解。比如對方所期望的結果；自己是否擁有相應的資源；自己的能力是否能夠完成這件事，等等。一切從實際角度出發，才能真正認識到自己是否能夠幫助對方解決問題。所以，每個人都不是萬能的，對我們來說，有時候，很多事情都是無法做到的。如果我們僅僅憑藉熱情就做出承諾，就是對這件事情不負責任。

2.既不斷然拒絕，也不貿然答應

當別人向我們請求幫助時，如果我們毫不猶豫地拒絕對方，很可能傷害彼此之間的關係，但是，如果我們對對方所請求的事情並沒有充分的把握，卻貿然答應對方，會傳遞給對方「我能夠輕鬆解決這件事情」的資訊，於是，對方可能就不會再為這件事奔波以及對失敗有一個心理準備。

如果我們沒有兌現我們的承諾，對方就會承受一些損失。當我們向對方傳遞肯定的資訊之後，對方就不會再為此尋求其他的解決辦法，這一方面損害對方的既得利益，讓他失去挽救的機會；另一方面會給對方帶來強烈的失落感，希望突然破滅的現實，會令對方產生很大的心理落差，使對方對我們的抱怨情緒加劇。

然而，如果我們對他人的請求沒有絕對的把握，我們可以將自己的意願表現得相對靈活一點兒，不斷然拒絕對方，也不貿然答應。比如「我不敢保證自己一定能做好，但我可以試試」「我先瞭解一下」「這件事做起來有些困難，我可以試一下能不能幫上你的忙」，等等。

第五章 走出認知誤區，正確看待金錢名利

你還在被成功學忽悠嗎

有些機構打著某大師旗號瘋狂招生，然後向提供幾節免費課，呼籲大家抓住機會，立即行動，然後，在「先讓老師看到你的決心」的一遍遍催促下，無數人果斷地交了高額門檻學費。等狂熱的煙霧慢慢散去，很多人才清醒過來，發現自己被忽悠了。

成功學並不神秘，它最大的特點就是看問題簡單、偏執，強調只要努力就

一定能成功，只要不放棄就一定能成功。

「成功者永不放棄，放棄者永不成功。」「成功一定有方法，失敗一定有原因。」在這些成功學「名言」的刺激下，很多人內心變得澎湃，在興奮、憤怒、妄想等情緒中不斷反覆。然而，當他們回到現實中，卻會發現自己的生活根本沒有實質性的變化，甚至大不如前。

成功學忽略機率問題，強調別人能做到的，你也能做到。

比如，一個高中畢業的服務員做某品牌的化妝品直銷成功了，聽完她的演講，介紹人對新人說：「你是大專畢業，又做過櫃檯化妝品銷售，你一定能成功，而且一定做得比她好。」聽到這樣的鼓勵和比較，新人通常會想，她的條件還不如我，都能做到，我憑什麼不能做到？於是，毫不猶豫加入隊伍，想像著明天就能開啟的成功之門。

此外，成功學抓住了人們的功利心，縮減過程，強調捷徑，放大目標的達成。《廿一天英語溝通無障礙》《從月薪三萬到月薪三十萬》《如何快速成為文案高手》《一年讀完一千本書是怎樣的體驗》……這些文章經常刷爆朋友圈，雖然打的不是成功人士的旗號，但其功利心的目標，對速度和捷徑的推崇，就是典型的對成功學的宣傳。

實際上，成功根本就沒有捷徑可走，每個人的成功也無法複製，而成功學不過是利用人們對成功的渴望，通過不斷刺激人們的神經，讓人對其深信不疑一種騙術罷了。

一般來說，講成功學的人有兩種：一種是取得了一定成就的人，通過與人們分享自身的經歷，來釋放多年的情感。他們並沒有一步登天的秘訣，只能提供一些客觀的經驗，並告訴你用心去做一件可能做大的事情，就有機會成功。

另一種就是所謂的成功學大師，他們沒有令世人矚目的成就，也沒有幾十年商海沉浮的經歷，只是在一些公司的包裝下，以「亞洲第一」「中國第一人」等噱頭，進行演講的江湖騙了。既然成功學的內容毫無用處，那為什麼還會有人對其趨之若鶩呢？

1.投機心理

投機心理，是指希望通過投機取巧的行為來達到自己的目的，本質上屬於僥倖心理，希望憑藉偶然的因素或機遇使自己獲得成功。這種心理往往出現在因自身能力有限或被失敗挫傷信心的人身上，他們放棄努力，將成功的機會放在一些僥倖的事情上，如賭博、彩票等。

2.代位表達

每個人都存在某種情緒和欲望，但由於某些原因而無法表達出來，當我們遇到與內心情感相符的言論時，就能夠引發我們的共鳴。而成功學恰恰利用了這種「代位表達」，通過代替我們表達內心的意願，從而收穫我們的認同和信任，並以此推動我們產生與之相似的價值觀。比如當一個人被男朋友拋棄後，如果你表示男人的話都是不可信的，她一定會下意識認同你的觀點。這就是利用了他人的情緒，而成功學也就是試圖利用我們的情緒和欲望去控制我們的思想和行為。然而，這些大師不斷煽動我們情緒的目的，就是促使我們交費，並不能解決實際問題。

3.倖存者偏差

美國作家納西姆·尼古拉斯·塔勒布認為，人們經常會為過去的遺憾編造牽強的解釋，並信以為真，以此來蒙蔽自己。而這就是另一種成功學邏輯「倖存者偏差」，是指因統計不完全而出現的認知錯誤。在成功學大師的口中，從來只是強調個別成功的案例，對其他失敗的現象閉口不談。「你想不想成功？」「想不想改變現在的生活？」「你要相信你自己」……這些語言會不斷刺激我們的欲望，使我們的自信心變得膨脹，認為自己一定能夠獲得成功。但實際上，客觀的物質世界並不會受到個人意志的衝擊，成功的因素有很多，並不單單只是需要一個渴望成功的心。

成功學的本質就是通過總結過去的經驗，預測未來的形勢，來對我們做出暗示。但是，成功學所推崇的理想，不過是他人刻意構建出來的，忽略了事物的不確定性。若是一旦認可了關於成功的某個觀點，並將其視為金玉良言，最後，你就會發現，看似按部就班的行為並不能得到期望的結果，而你的智慧和勇氣也不一定助你走向成功。

所以，我們不要把成功和成功學混為一談，要正確地看待成功。一個人的成功，往往是由各種因素綜合起來促成的，而有些人只著眼於一些表面上的細枝末節，卻忽視深層次的因素，才會讓成功學鑽了空子。

機遇、努力、天分等都是成功的一部分，能否抓住機遇獲得成功，取決於我們的能力、智慧和客觀條件。雖然我們無法改變自己的家庭背景、天賦能力、教育環境，但我們可以通過努力慢慢積攢力量。那些能夠抓住機遇並獲得成功的人，往往很早就開始積累自己的財富，壯大自己的實力。就像有人說的：**「這個時代從不辜負人，它只是磨煉我們，磨煉每一個試圖改變自己命運的平凡人。」**

為什麼收入越高，幸福感越低

隨著經濟水準的提高，人們的生活品質也發生了翻天覆地的變化。然而，現實中卻出現了一個匪夷所思的現象：很多人的收入水準越來越高，但他們的幸福感卻沒有同比例遞增。

關於收入和幸福感的聯繫，美國的相關人員曾做過一項調查：年收入超過二點五萬美元的群體認為，高於自身年收入水準的人，對生活的滿意程度也會比他們高。在他們眼中，如果收入翻倍，獲得的幸福感也會翻倍。然而，調查結果顯示，年收入達到五點五萬美元的人群對生活的滿意度只比年收入二點五萬美元的人高百分之九。

艾倫・卡爾在《積極心理學》中表示：「並不是越富有就越幸福。」這個範圍知覺的發現被稱為「伊斯特林悖論」。為什麼很多人並不會因為收入的提高而變得更加幸福呢？心理學家亞伯拉罕・馬斯洛曾提出一種需求層次理論，他認為當一個人的實力得到提高時，也會相應產生更多的需求。但是，這種高收入低幸福感更多源自一個人的虛榮心理。

1. 成為他人眼中的自己

心理學家列爾里說：「受到別人的羨慕和讚揚特別能讓人感到幸福。」於是，我們就傾向於在任何事情上，都要用他人的標準來要求自己，生活給他人看，從他人的羨慕和嫉妒中享受一種幸福感和優越感。漫畫家朱德庸對此有一段經典的描述：「他穿時尚衣服是為了讓別人看，他開的車也是為了讓別人看，他買別墅也是為了讓別人看。他從事的工作也是為了讓別人看，他把孩子送名校也是為了讓別人看，他一切的一切都是為了展示給別人看自己的品位或成績或格調或地位，所思所想都是以他人眼光作為唯一標準。」

然而，通過這種方式獲取的幸福感是一種極其脆弱的產物，並不穩定。它只是一種暫時的心理滿足，很容易被自己與其他人生活的差距所帶來的失落感所抵消。

2.成為自己眼中的他人

王爾德曾說：「**多數人並非自己，他們的思想是別人的見解，他們的生活是一種模仿，他們的熱情是一種引用。**」就像很多人不斷努力提高自身價值和經濟實力，就是因為羨慕他人的生活，於是，他們在不斷嫉妒和比較中模仿對方的生活。比如身邊的人都結婚了，所以自己也要結婚；身邊的人都擁有了房產，所以自己也要買房；別人出國旅遊了，所以自己也要出國旅遊……

但是，每個人的個人條件和家庭背景都是存在差距的，這也就意味著，人與人之間的生活品質沒有太大的可比性。你一旦陷入盲目攀比中，將自己的時間和精力花費在如何向他人看齊上，只會徒增經濟壓力，甚至對自己和家庭產生一定的影響。雖然在攀比的過程中我們可以收穫一點點幸福感，而這種獲取幸福感的方式，會根據雙方差距的增大而變得越發艱難。當你無力追求對方的生活時，你就會感到深深的挫敗感和失落感。

一個人的快樂是通過滿足自身需求實現的，正因為我們過於對物質進行追求，才使我們在通往幸福的道路上一直徘徊。所以，真正的幸福並不是對物欲的滿足，而是一種內心平靜和愉快的生活狀態。

那我們該如何正確看待金錢和幸福感呢？

1. 金錢不是萬能的

市場經濟的不斷發展，導致了人與人之間的貧富差距，進而導致很多人將幸福感與收入水準聯繫在一起，認為只要自己的收入提高就能夠幸福。然而，事實上，很多高收入群體並沒有感受到幸福，反而為生活和工作忙得身心疲憊，每天有忙不完的事情，打不完的電話。他們擁有高收入，卻沒有時間來享受生活。金錢的多寡並不能用來衡量一個人是否幸福，錢可以買來物質，卻無法買來幸福。

2.積極的心態

一個人幸福感的高低不取決於他擁有多少財富，而在於是否有一種積極的心態。不僅是高收入群體，低收入群體在生活的壓力下也會出現一定程度的心理問題。這就意味著，對個人欲望盲目的追求會摧毀一個人的心態。所以，即使我們沒有達到一定的收入水準，不能通過購買一些物品來滿足自己，但我們只要能夠滿足日常所需就夠了。保持一種平和的心態能夠幫助我們更好地感知幸福。而且，積極的心態也會降低個體罹患疾病的風險，讓我們遠離生理或心理上各種問題的糾纏。

3.幸福源自生活

幸福可以理解為一個人對美好事物的心理感受。每個人的生活環境不同，對幸福的理解也就不同。有人認為家庭和睦就是幸福，也有人認為單純的快樂就是幸福，但無論從哪個角度出發，幸福都是從生活中發掘出來的。如果你的幸福感太低，可能並不是因為收入問題，而是你缺少一雙發現幸福的眼睛。

所以，我們要知道，財富是高品質生活的前提，卻不是獲得幸福的前提。真正的幸福並不是外在的攀比和炫耀，而是內心的寧靜和精神的富足。

為什麼我們都喜歡假設「等我有錢了……」

在岳雲鵬和孫越表演的相聲《等我有錢了》中，岳雲鵬說：「等我有錢了，我就買兩輛寶馬，一輛在前面開道，一輛在後面護駕，我在中間騎自行車！」「等我有了錢，飛機買兩架，一架白天飛，一架晚上飛。」

電影《西虹市首富》講述了一個落魄球員一夜逆襲成為億萬富翁，一個月玩命花光十億的故事。該片上映的第二天票房就突破五億大關，可見沈騰扮演的王多魚是多少人的夢想。

「等我有錢了，我就辭去現在的工作，跟著自己喜歡的明星全世界跑，每次都花大價錢坐第一排，讓對方一低頭就能看見我，記住這一張格外富有的臉。」

「等我有錢了，我就去環遊世界，像凱莉一樣站在紐約街頭抽煙，去羅馬租一輛復古摩托車，走一遍奧黛麗・赫本的路線，再到摩洛哥，看一看彩虹國度。」

「等我有錢了，我就每天為自己訂一束花，今天紅玫瑰，明天風信子，放在不同形狀的花瓶裡，一天一換，永遠不讓花瓶空下來。」

如今社會的整體價值觀在物質化，越來越多的人認為目前是金錢社會，錢幾乎是萬能的。但錢多到花不完的人畢竟還是少數，因為現實很殘酷，所以一些人沉溺於對有錢的幻想，並樂此不疲。

儘管這種有錢的生活對很多人來說就是一種幻想，轉過頭依然要面對一地雞毛的生活，那為什麼人們還要不斷假設「等我有錢了」呢？

1. 逃避現實

逃避現實其實是一種回避心理，指的是在現實生活中，自己與社會或他人存在矛盾時，無法主動解決矛盾，反而選擇逃避的心理現象。每個人都對金錢存在一定的渴望，但現實生活中的遭遇往往令我們感到力不從心，與他人之間的經濟差距等外界刺激，會促使我們採取一種視而不見的態度去逃避它。美國臨床心理學家約瑟夫·布林戈曾在其著作中表示，不管我們選擇轉移注意力，還是幻想、否認等方式，都是為了逃避痛苦而向自己撒謊。這種對美好未來的假設和幻想恰恰是我們對現實的一種逃避。

2.自我安慰

從心理學角度分析，這種假設或者說幻想，是一種心理防禦機制，能夠幫助我們降低內心的創傷感，緩解焦慮，保持自己的希望和憧憬。就像災難中的倖存者所說：「每當我餓得不行的時候，我就幻想自己坐在自己家的餐桌前，穿得很體面，優雅地將乳酪塗在小麵包上，然後一口一口地品嘗。」

一般來說，當我們在現實生活中遇到一些困難，或無法忍受某種情緒時，就會促使自己暫時離開現實，在幻想的世界中實現內心的平衡，使自己在現實中的需求得到滿足。雖然這種幻想能夠幫助我們暫時脫離現實中的失落感，使情緒得到好轉，但並不能解決實際情況。

心理學家卡普斯和奧丁根在《實驗社會心理學》雜誌發表了自己的研究成果，表明人沉溺於幻想中，反而更容易導致失敗。當幻想中的美好與現實的殘酷形成對比時，更容易讓人心理失衡，產生不良情緒，一旦我們將幻想和現實混淆，就會出現歇斯底里和誇大妄想等心理症狀。

幻想可以使我們的生活變得愉快，也可以破壞正常的生活狀態，所以，我們要正確看待對金錢和物欲的渴望及對未來的美好憧憬。通過以下的方式克服過度的幻想：

1. 合理期望

心理學中有一個皮格馬利翁效應，指的是如果你的渴望足夠強烈，渴望的東西就越可能實現，如果你總是幻想失敗，那這些失敗就更可能會發生。但是，我們一定要分清幻想和期望的區別，幻想只是一個毫無根據的理想化未來，而期望是指以一個人的過往經驗為基礎，做出的合理預測。這種合理的期望，在多數時候會給我們帶來驚喜，為生活增添一絲色彩。對未來做出合理的期望和計畫，讓它們成為我們前進的動力，有助於我們取得成功。

2. 認清現實

我們可以將自己的幻想描述出來，通過分析幻想與現實的差距，來判斷實現這種幻想的可能性。在分析過程中，你會發現這些幻想只不過是水中月、鏡中花，除此之外，幻想不僅會令你分心，還會消耗大量的時間和精力。當我們能夠認清現實，不糾纏於幻想，將注意力放在當下，我們就會逐漸有能力控制自己的行為。

3. 適當宣洩

長時間的幻想經常會引起生理上和心理上的不適，而運動能夠通過不斷轉換刺激，使內心的情緒得到緩解，心理承受能力得到提高。而且，在運動的過程中，我們會通過不斷地練習、克服困難，得到他人的讚美和認可，從而提升我們的自我效能感，對自己有一個新的認知。

心存幻想是一個正常的現象，能夠給我們精神上的慰藉，然而，我們一定要分清主次，維持生命存在的是現實，而不是幻想。所以，我們要嘗試將幻想和現實隔離開，甚至將幻想替換成合理的期待，讓它成為我們身體中的能量。

你是忙得停不下來，還是不敢停下來

在這個快節奏的時代，大家都在拼：拼命掙錢，拼命學習，拼命考證……大街上、地鐵裡，每個人都是腳步匆匆，神色凝重，就像是一個提線木偶，在事業和生活之間來回奔走，不敢有絲毫停歇。

有時候，並不是我們不想停下來，而是忙碌早已成為習慣。比如說，一個經常列出計畫清單的人，他每天起床的第一件事，就是將這個計畫清單填滿，而睡覺前的最後一件事，就是看一眼清單上所有的安排是否已經完成。只有全部完成清單上的任務，他才會覺得安心，否則就無法入眠；一個創業三年，事業有了起色的人，他終於能夠告別全年無休、披星戴月的生活，然而，他在度假的時候，總是想著公司裡還有什麼事，在休息時感到深深的罪惡感。

在奮鬥的過程中，他們承受了太多的生活壓力，習慣了四處奔波，認為忙碌才是真正的人生。

時間管理專家格勒斯曾說：「我們正處在一個把健康變賣給時間和壓力

的時代。而且，這種變賣是不需要任何契約的，以一種自願的方式把我們的健康，甚至是幸福抵押出去。」生活節奏越來越快，是社會發展的必然趨勢，在這種大環境之下，我們是忙得停不下來，還是不敢停下來？

心理學家表示，這種深陷工作狀態而無法自拔的症狀，被稱為「壓力上癮」。壓力上癮症，是指一個人一旦停止日常周而復始的工作，就會喪失忙碌節奏，打破壓力慣性，從而產生焦慮感和失落感。

所以，很多人的忙碌並不是工作要求或生活所迫，而是自身養成的一種習慣。每個人在童年時都會被教育「一寸光陰一寸金，寸金難買寸光陰」，以勸誡我們不要浪費時間，明確勤奮的重要性。然而，一旦我們無法正確地看待這一觀念，就會產生一種病態心理，出現強迫性努力的行為。這種行為的本質並不是為了完成某一個目標，而是要求自己處於一種努力的狀態，是一種典型的以戰術上的勤奮來掩蓋戰略上的懶惰的表現。

我們會認為如果自己不努力也許就會被社會淘汰，進而產生焦慮的情緒。但是，我們根本不知道自己真正想要的是什麼，不斷地忙碌也不是因為熱愛，只是為了緩解內心的焦慮和恐懼。所以，我們不停地忙碌，卻無法獲得相應的價值，這使得我們與他人的差距越來越大，我們也就變得更加焦慮，於是，慢慢就形成了一個惡性循環。

人生本就匆忙，何必要急於奔命，我們要有選擇忙碌的機會，也要有停下來的勇氣。所以，在忙碌的工作和生活中，我們要學會放慢自己的腳步，抽出一些時間與家人和朋友團聚，交流一些彼此對生活的感受，分享一下未來的計畫，回憶曾經相伴走過的日子。暫時放下心中的重擔，能夠讓我們再次對生活充滿熱情，讓冰冷的內心不斷升溫。我們也可以選擇忽略網路，關掉手機，親手為自己、為家人和朋友做一頓也許不精緻，卻充滿新意的晚餐，體會生活中的樂趣。

不如給自己一場短暫且自由的旅行。在火車上，你能夠遇到各種各樣的人，見到各種各樣的事情，感受到各種各樣的情緒，讓自己的生活充滿色彩。只有慢下來，你才可能有時間看見真實的自己，看到最輕鬆的自己。

在不斷忙忙碌碌中，我們都無法意識到自己總是在追著時間跑，忙不完的工作，忙不完的學習，甚至都沒有時間望一眼窗外。其實，生活不必太快，慢下來你才能看見生活中真實的模樣，有時候，生活中的一些小事，都能夠觸動我們的內心，滋潤早已乾涸的靈魂。

生活以慢而精緻，只有慢下來，我們才能真正感受到那些美好的事物，才會有機會欣賞沿途的美景。生活不易，我們更要懂得享受生活的樂趣，遇見生活中的美好。

你的物質壓力來自生存還是欲望

在物欲橫流的當下，很多人的消費變得毫無節制，為了滿足自己的虛榮心，盲目攀比，過分追求名牌的現象比比皆是。一些人甚至將消費當作一種自我安慰的方式，心情不好的時候「買買買」，心情好的時候也要「買買買」。消費已經失去理性，變成了欲望的角逐，其具體表現如下：

1. 盲目消費

被欲望控制的人看到大家都在用網紅推薦的流行款，一些人覺得這東西肯定很棒，自己也要買個回來試試。一些「網購」成癮的人，「買買買」的出發點往往不是實際需要，而是基於好奇、攀比、炫耀、心情不好、自我滿足等心理。

2.衝動消費

一些人看到某件商品，一瞬間覺得那就是自己想要的。心一動，手就下單了。結果是，家裡的快遞箱、盒、袋堆成山，有的都來不及拆，多數已經忘了買的是什麼，以及為什麼要買。

3.過度消費

很多月薪一萬的人，卻花出了月薪兩萬的氣勢。「網購」成癮的人，一發工資就立刻下單，儲蓄見底，還有信用卡、貸款頂上，根本不考慮自己的收入和支出是否成比例。

大部分人，基本上都會將對物質的追求作為一種快樂，然而，這不過是飲鴆止渴，當因解除欲望所帶來的愉悅感消退之後，你將面臨更加沉重的生活壓力。這種對物欲瘋狂的追求源自貪婪的心理，貪婪是指對與自己的能力不相稱的某一目標過分的欲求。與正常的欲望相比，貪婪並沒有滿足的時候，這也就是為什麼有的人寧願選擇超前消費，也要滿足自己對物質的欲望。

物質是人類賴以生存的基礎，然而，隨著社會的不斷發展，許多人追求物質並不僅僅是出於生存的需求，反而是將其當作生活品質的體現及身分地位的象徵，物質也就成為這些人的追求目標。於是，貪婪的心理由此滋生。

生活中，渴望在生活水準上趕超他人的攀比心理、因遭受坎坷過度彌補自己的補償心理、沉迷於一步登天的僥倖心理等，都是貪婪心理衍生或放大的產物。其實，對物質的追求不過是人們對美好生活的一種嚮往，可以看作一種自然的心理驅動和正常的社會行為。但是，這種渴望一旦被功利心或虛榮心所驅使時，一個人內心的貪婪就會不斷膨脹，他也就會逐漸沉迷於物欲。

當人們醉心於物欲中時，就會不斷放大自己的貪婪，一旦他們無法滿足自身的欲望，就很可能不再恪守人類的道德，遵守社會的法律，從而對自己、對他人造成傷害。比如因在電視上見到有人買彩票中了五百萬，一些人便在僥倖心理的促使下，長期購買彩票，導致債臺高築；羨慕他人的衣物、手機等價格高昂的物品時，一些人因沒有能力滿足自身欲望，就選擇盜竊他人財物，導致自己受到法律的制裁。

那麼，當我們面對生活中的物質誘惑時，該如何正確地控制自己的欲望呢？

1. 認清商品的實際價值

在現實生活中，所有的消費都是為人們更好地生活而服務，其本質在於人。如果消費行為給我們帶來的焦慮感大於愉悅感，我們不妨停下來，冷靜地思考一下，當下的物品對自己而言是必需的嗎？對自己有沒有真正的意義？

比如，一款價格高昂的口紅，你可以問自己：它對自己而言是不是必需的？它能不能滿足自己真正的需求？所以，我們不能為了虛榮而盲目消費，一款奢侈品並不能使你的生活產生質變，反而會無端增加自己的經濟壓力。況且，一個人的價值並不體現在表面，而在於自身的能力。就像一位女孩所說：「我很少買名牌，因為並不是一件奢侈品穿在身上就能體現自己的價值，而應該讓衣物因為自己而有價值。」

2.保持平常心

英國著名作家蕭伯納說：「**人生有兩種悲劇，一種是欲望不能得到滿足，另一種是欲望得到滿足。**」對欲望盲目地追求，往往會使我們迷失自己，所以，保持一顆平常心是控制欲望最好的方法。

保持一顆平常心能夠幫助我們認清現實，認清享受生活並不一定要依靠物欲的滿足，而是性情的恬淡和安然。就像馬特·海格所說：「當你身處深淵底部時，永遠都不會有清晰的視野。如果能夠放穩心態，平衡情緒，生活也許就會豁然開朗。」

3.擁有一個自己的興趣愛好

一個適合的興趣愛好，能夠使人們的閒暇時光多一份美好，無論是游泳、跑步，還是下棋、唱歌，都能夠調節我們的生活節奏，愉悅身心，將內心的欲望拋之腦後。

你還能接受沒有物質的愛情嗎

電影《小時代》中有這樣一句臺詞：「沒有物質的愛情就像是一盤散沙，都不用風吹，走兩步就散了。」雖然我們不能否認金錢在愛情裡的地位，畢竟給不起麵包，愛情維持不了多久，但是一些人卻因為虛榮心作祟，而盲目追求物質。比如有女孩覺得自己嫁給有錢人會很有面子，進而無限誇大了物質在愛情中的作用。

《傲慢與偏見》中，班奈特一家中的小女兒莉蒂亞空有一副令眾人豔羨的皮囊，她愛慕虛榮，總是對愛情充滿了不切實際的幻想。韋克翰是一個徹徹底底的偽君子，他所擁有的一切都源自達西的支持，但他的內心卻毫無感激，甚至編排各種謊言，通過貶低達西來提高自己。

韋克翰因賭博欠下了高額賭債，打算一走了之，卻發現莉蒂亞被自己深深地迷住了。於是，他帶上了這個願意死心塌地跟隨自己的美女一起出逃。兩個人的私奔，對韋克翰來說，不過是一場躲避賭債的逃亡，與愛情和婚姻無關，但莉蒂亞卻將其看作一場轟轟烈烈的愛情。雖然，兩個人最終還是成為夫妻，但兩人性格上的缺陷也預示了婚姻的結局。果不其然，捉襟見肘的經濟狀態使得他們的婚姻走到了盡頭。而這場悲劇的根源，就是在於莉蒂亞只著眼於表面，而忽略了分辨真偽的能力。

對每個人來說，缺乏物質基礎的愛情也許會被現實打敗，但看重物質而忽略彼此之間感情的愛情，一定會輸得很慘。

在現實的洪流之下，太多的人將目光集中在物質之上，也就導致了所謂的「拜金主義」。相較於愛情，很多人更願意追求和享受物質，然而，人們為什麼會出現這種心理？

1. 外界的影響

「拜金」雖然是一種個人行為，卻深受人環境的影響。網路上流傳的「寧願坐在寶馬車裡哭，也不願坐在自行車後面笑」的話題，父母不斷灌輸「嫁個有錢人」的觀念，居高不下的房價以及沉重的生活壓力，無一不在刺激著人們的神經。這些來自外界的資訊不斷對我們進行暗示和煽動，就很容易促進「拜金心理」的產生。

2. 自我補償

有的人出身貧寒，見識過太多「一分錢難倒英雄漢」「貧賤夫妻百事哀」的事情。為了避免自己遭遇這樣的困境，他們會將金錢看得十分重要。於是，相較於愛情，他們往往會更趨向於物質，盡力去「傍富」來改變自己的命運。

3. 缺乏安全感

一些人盲目追求金錢，將其視為人生中的最高價值，在一定程度上是由於內心缺乏安全感。從心理學角度分析，當一個人從小缺少父母的關愛，就會變得自卑，從而缺乏安全感。在現實生活中，金錢能夠帶給人足夠的安全感，這也就導致了這類人需要追求金錢來填補內心的空虛。

4. 攀比心理

在現實生活中，高強度的生存壓力會造成強烈的物質需求，對於某些人來說，他們一旦體會到金錢所帶來的虛榮感，就很容易被喚醒內心的貪婪。而貪婪的欲望是沒有盡頭的，他們也就會在不斷攀比中變得越發渴望金錢和物質。

這也就導致了很多人將青春和美貌作為對人生最大的一次投資。對於愛情而言，他們更相信到手的既得利益，將本該長久的婚姻變成一場「以貌換財」的交易。然而，這種愛情往往就只剩下了一個軀殼，空有一個華麗的外表。

愛情能夠帶來幸福感，但不斷消退的激情終有一天會被匱乏的物質所累。然而，拋棄愛情，選擇物質，也會存在被物質所拋棄的風險，畢竟，誰也無法保證掌握絕對物質使用權的伴侶，能夠一直忠誠下去。那面對物質和愛情，我們到底該如何做出選擇呢？

當我們需要在愛情與物質之間做出選擇時，我們可以問問自己，究竟需要的是什麼？物質是婚姻的基礎，但即使擁有良好的物質條件做支持，也無法保證一段婚姻能夠圓滿。愛情也是如此，「相愛一時容易，相愛一世很難」，所以，在這種過程中，還是需要彼此共同成長。

我們選擇了愛情，就不要總是用他人的生活品質作為標準，不停抱怨生活的艱辛，我們所需要的是，在享受愛情的同時，努力去爭取自己所嚮往的物質。我們選擇了物質，也不要在空虛的生活中羨慕他人的愛情，應該盡力去經營自己的愛情。對於物質而言，我們更應該考慮對方的進取心和獲得物質的能力，而不單單只著眼於當下對方所擁有的物質。如果一個人擁有明確的未來規劃和行動，那不妨在共同成長的過程中收穫物質和愛情。

其實，有時候我們並不需要做出選擇，我們要明白，如果一味地將物質或愛情寄託在對方身上，一旦對方吝嗇為我們付出，那我們就什麼也不會剩下。我們要做的，更多是爭取自己的「麵包」，等待「牛奶」的到來。

凡事一定要爭第一嗎

謝赫・穆罕默德曾說：「在這個世界上，沒有人會記得第二名。」的確，第一名所獲得的榮耀是更為矚目的。然而，這種觀念往往會催生出一種凡事都要爭第一的心理，導致人們在與人相處的過程中，特別在意自己的風頭是否能夠蓋過全場的所有人，使自己成為聚光燈下的人物。

好勝心是一種十分普遍的心理，能夠使人在不斷前行的過程中尋求更高的目標。但是，好勝心過強，凡事都要爭第一的心理，往往會讓我們在生活中無法正確面對自己的失利，從而變得消沉、悲觀，甚至出現心理疾病。那麼，是什麼樣的心理導致了我們凡事都要爭第一呢？

1. 完美主義

完美只是一個理想中的目標，無論我們如何努力，只能無限接近完美，卻無法觸及它。追求完美在一定程度上，能夠促進我們不斷提升自己、完善自己、成就自己。當這種追求變得極端，就會蛻變成完美主義，使我們在生活中一味追求完美。這會使我們認為，凡事只有做到最好才能為我們帶來名聲和榮譽，才能贏得無數讚賞的目光。尤其是一些在某領域取得過較高成就的人，他們往往會擔心自己所發表的文章內容不具備劃時代意義，就會影響到自己的聲譽和公眾對自己的評價。

2. 擔心被人瞧不起

當一個人缺乏對自我的肯定時，就會渴望通過自己的表現來獲得他人的認可，體會自我價值感。這也就意味著，他們往往將目光放在常人無法達到的目標上，超越他人，獲得某方面獨樹一幟的成就，用外表的強大來掩飾內心的脆弱。

然而，好勝心極強的人往往更容易遭受打擊，一旦遭受失利就很可能因沮喪而悲傷，而且，內心的不滿足會導致他們無法真正感到幸福和快樂。一味地爭強好勝不利於團隊的合作，無法通過自己努力而促使整體的實力提升，反而會因為惡性競爭導致無法妥善處理同學或同事之間的關係。如果我們不能很好地融入集體，在一定程度上會失去自身發展與創新的助力。

1. 正確看待成敗

成功是我們夢寐以求的彼岸，在追求成功的過程中，能夠正確看待失敗是一種勇氣，更是一種智慧。姚明曾在某節目中講述了一段親身經歷的往事：

在二〇〇〇年雪梨奧運會的時候，他突然在宿舍樓中聽到一陣哭聲，他說：「後來，我知道那是有人在最後一刻被刷掉了。他們付出了同樣的代價和心血，他們是失敗者嗎？不，體育本身就是一種競爭，每一個人的成功，都意味著無數人被淘汰或失敗。」姚明表示，**成功和失敗同樣具有價值，偉大的成功都是由失敗所成就的**。而這種信念，也陪伴他走過了人生最艱難的歲月。

所以，我們要正確看待成功與失敗，無論成功，還是失敗，都只是暫時的。如果我們將失敗看成是暫時的，我們將獲得成功；將成功看成是暫時的，我們會取得更大的成就。

2. 凡事盡力就好

當我們在努力之後，卻沒有達到自己的預期時，我們要告訴自己，凡事盡力就好。任何事都不需要追求完美，只需要看到汗水，那是永遠隱在差距之中等待未來創造的奇蹟。就像英國政治家狄斯累利所說：「**當一個人全心全意追求一個目標，甚至願意以生命為賭注時，他是所向無敵的。**」

3. 不必在意他人的眼光

別人對你的輕視，並不是讓你放棄的理由。不用太過在意他人的眼光和評價，因為你的世界與他們毫無關係，他們只是你人生中的旁觀者。所以，在生活中，我們要善待自己，努力活成自己喜歡的樣子，做一個讓自己喜歡的人。

榮譽是個好東西，但不要過分看重

榮譽，是指外界對人們的某種行為所給予的尊重、認可和獎賞。古語云：「君子疾沒世而名不稱焉。」意思是說，一個德行高的人往往會擔心自己死後沒有留下好名聲。由此可見，古人對榮譽的極力追逐。

現在的人也一樣崇尚榮譽，甚至有些過分看重榮譽，學歷造假、塑造人設等事件層出不窮。比如某大學博士涉嫌學術造假，某明星因參與某項建築活動而謊稱自己是工程師等。

每個人都應該看重榮譽，因為它是社會對一個人取得的成就或品格的一種高度評價。然而，越來越多的人開始過分看重榮譽，看重榮譽背後的名聲和地位，甚至為了一己私利，沽名釣譽。

過分看重榮譽的人心裡究竟在想什麼？

1. 渴望得到關注

榮譽代表外界對一個人的肯定和評價，而過分在意榮譽，就意味著他們對這種肯定和評價存在強烈的需求，所以，這是一種渴望獲得關注和肯定的心理。同時，榮譽可以作為自我認同的依據，對提升自我價值感存在不容忽視的作用。

當一個人處於童年時期時，他們會期望得到父母或周圍人的關注和肯定，這是人類早期建立自我價值感的主要方式，如果父母經常給予孩子肯定、表揚，就能夠提升孩子的自信心，感受到自己的價值。如果孩子在成長的過程中無法獲得足夠的認可與讚美，就會導致他們的自我評價過低，無法認識到自身的價值，從而導致日後渴望通過某種榮譽而認同自我價值。

2.缺乏安全感和歸屬感

人是一種群居動物，我們需要依附群體來獲得安全感，希望和他人建立良好協作關係以獲得歸屬感，這是一種正常的心理傾向。但每個人對安全感和歸屬感的需求要存在一個度，如果無法真正在心理上獨立，就無法找到真正的自己，從而需要不斷確認榮譽，確認自己在他人心中的地位，來獲取安全感和歸屬感。但是，需要依靠他人來證明自己的存在和價值無疑是可悲的。

3.滿足虛榮心

對榮譽的過分看重，對成功的畸形渴望，都是虛榮心在作祟。榮譽能夠給人們帶來鮮花和掌聲，同時也能收穫外界稱讚和羨慕的目光，使得人們的虛榮心得到極大的滿足。然而，對這種虛榮的盲目追求，就會導致人們過分在意虛榮。

榮譽是一個人自我價值的體現，也是最容易牽絆我們的東西。如果我們過分看重榮譽，就會讓我們陷入榮譽的陷阱中。

瓦倫達是一位走鋼絲的大師，為人們奉獻出了無數次精彩的表演，卻在一次萬眾矚目的表演中失足而死。他的妻子在接受採訪時說道：「他之前在表演的時候只關注自己如何完成表演，而並不擔心結果如何，所以，每次都能取得成功。可是，在這種場合的壓力下，他太看重榮譽了，臨上場時還在反覆地強調：『只能成功，不許失敗！』結果，這次就把命丟掉了。」

一個人過分地看重榮譽，是因為在享受他人豔羨的目光時，他能夠產生強烈的愉悅感，但是一旦遭遇他人的質疑，就會感到與之相應的痛苦，前後兩者的落差，很容易打擊我們的自信心，使我們變得消極。那我們該如何正確地看待榮譽呢？

1. 辯證地看待榮譽

一般來說，榮譽與一個人的能力和成就是相對應的，但也不盡然，有些人做出的貢獻超過了自身所獲得的榮譽。一個人的榮譽能夠體現其個人價值，但遠遠不能概括其自身全部價值。所以，我們要辯證地看待榮譽，不能執著於一點，不僅要看到現在的榮譽，也要看到將來的成績。

2. 發展地看待榮譽

榮譽，是一種「過去式」，是對一個人以往成績的肯定，卻不能為他的人生保駕護航。面對榮譽，很多人會感到滿足，認為自己功成名就了，於是，他們就抱著這份「榮譽」等待安樂死。過分看重當下的榮譽會消磨掉一個人的進取心，使榮譽快速風化，直至消失。

所以，我們要用發展的眼光來看待榮譽，無論我們曾經取得了什麼樣的成就，自身總會存在缺點和不足，如果一味醉心於當下的榮譽，就無法看到自身的缺陷，這便會對自己的發展產生不利影響。

3.坦然地看待榮譽

當別人超越我們時，我們應該給予對方應有的尊重，而不要嫉妒對方獲得的榮譽，甚至做出詆毀對方的行為。真正的強者不甘於落後，也不恥於落後，對於他人的優點，我們既要懂得學習，又要努力超越對方，在比較中不斷提升自己的實力。對於我們而言，榮譽只是一個新的起跑線，將榮譽作為鞭策自己前行的動力，使自己不斷地進步，才是對待榮譽的正確態度。

追求金錢，但不唯錢是圖

唯錢是圖的人，一切只為了達到自己的目的，讓自己獲利，為了金錢不擇手段。在現實生活中，這種唯錢是圖的現象層出不窮。

一夜走紅的「大衣哥」長期遭受村民的騷擾，最近，「大衣哥」家的大門被人強行踹開這事又將這位沉寂已久的「網紅」送上了輿論的頂峰。自從「大衣哥」出名之後，村裡的每個人都想從他的身上撈一筆，娶媳婦、買房子、買車子，甚至做生意賠了錢，都向「大衣哥」借錢。然而，這些借出去的錢，卻一分都沒有收回來。「大衣哥」曾經為家鄉修了一條公路，卻有人表示，自己家連車都沒有，修路有什麼用，並以此強烈要求「大衣哥」為他們家買一輛車。更過分的是，為了從他身上榨取更多的利益，甚至有人揚言，只要他敢搬家就刨了他家的祖墳。

那麼，人們唯錢是圖究竟是一種什麼心理？

1. 嫉妒和攀比的心理

從心理學角度分析，嫉妒心理是一種警示，提醒並促使我們成為像對方一樣的人。然而，很多人無端將這種嫉妒心理放大，當他人因自己精緻的生活而獲得所有人羨慕和讚賞的目光時，就會使他們產生被忽視的感覺，認為自己的利益遭到了破壞。於是，嫉妒心理導致人們過度追求金錢，逐漸出現攀比的行為。更多時候，他們不滿足於現狀，渴望更多的金錢來提高自己的生活水準，他們的眼睛往往盯著過得比自己好的群體。在這種情況下，他們很難體會生活中知足常樂的幸福感。

2. 補償心理

「窮怕了」的感受，源自童年時期的貧窮經歷，是一種基於經濟條件差而產生的匱乏感。這種匱乏感不僅僅是停留在物質上，還會在潛移默化中對人們的心理產生影響。當一個人不需要再為物質而煩惱的時候，很可能會出現一種補償心理：追求極端的消費，來填充內心對物質的匱乏感。長此以往，這種欲望就會變得扭曲，對金錢的渴望也就變得更加強烈。

《北京愛情故事》中的楊紫曦就是這樣一個例子。她在中學時代非常喜歡一款鞋，而父母因價格昂貴拒絕了她。這就導致了她成年之後，對鞋子出現了一種近乎瘋狂的渴望。當自己的經濟實力無法滿足欲望時，她開始追求一個富二代，對金錢變得癡迷。

在現實生活中，很多人總是將金錢作為回報的標準，然而，對工作而言，你的努力並不是只收穫了金錢，還有經驗、技能、知識、人脈等各方面的回報。如果你一味奉行金錢至上，那就意味著你可能會失去除了金錢之外的一切。有些人為了金錢，不惜鋌而走險，違法犯罪；有些人為了金錢，不惜與手足親朋反目成仇。然而，金錢本身並不存在善惡，一切都是人們內心欲望催化的結果。

金錢是生存的「必需品」，也是喚醒內心欲望的魔鬼，我們應該如何看待金錢，才能避免成為金錢的奴隸呢？

1. 認清金錢的價值

金錢只是一種價值交往的手段。人們掙錢和消費都是為了滿足自身需求，是以人為本體。無論財富的多寡，本質上都是為人們服務的，如果我們過度追求金錢，就很可能喪失人格和自由，成為金錢的奴隸。就像哲學家伊索所寫：「有些人因為貪婪，想要得到更多的東西，結果把現在的都丟失了。」

2. 劃清是非界限

很多人都認為：「有錢能使鬼推磨。」但是，有太多東西是比金錢更具有價值的。比如理想、健康、人格等，都是無法用金錢來衡量的。你能買到學歷，卻買不到知識；你能買到婚姻，卻買不來愛情。總之，它也許能夠買到人們生存所必需的一切物質，卻無法買到一個真實且有意義的人生。所以，對於金錢而言，我們要懂得用之有益、用之有度。

3. 君子愛財，取之有道

對每個人來說，金錢確實存在莫大的吸引力，但是，如果我們盲目追求金錢，就很可能誤入歧途，成為一個金錢的奴隸，甚至走上違法犯罪的道路。俗話說：「君子愛財，取之有道。」我們應該腳踏實地，通過自己的努力去獲得金錢，讓自己能夠心安理得。所以，對待金錢，我們一定要保持一顆澄明的心。只要我們能夠樹立正確的金錢觀，就一定能夠找到自己的人生方向，擁有美好的生活。

善於管理自己的欲望

《說謊的女孩》講述了兩個被收養的女孩之間的故事：莫伊金被一對富豪收養，過著衣食無憂的生活，她喜歡結交各種各樣的朋友；朱爾卻沒有這麼幸運，她的生活十分清貧，養父母也無法給予自己足夠的關愛，於是，她逐漸變得虛榮且敏感，一直依靠謊言來掩飾真實的生活。

偶然間，朱爾與莫伊金的母親相識，並給莫伊金的母親留下了不錯的印象。由於需要照顧癱瘓的丈夫，莫伊金的母親只能委託朱爾找到莫伊金，將她帶回家。在假裝偶遇之後，朱爾和莫伊金成為好朋友，她開始穿莫伊金的衣服、戴莫伊金的首飾、模仿莫伊金的言行，而這一次非同尋常的體驗為她打開了新世界的大門。在欲望的驅使下，她從羨慕變成了嫉妒，最後演變成嫉恨。

莫伊金看清了朱爾的虛榮和謊言，決定放棄和她做朋友，朱爾竟殘忍地殺害了莫伊金，盜走了莫伊金的身分，偽造了遺書，將她的財產全部劃到了自己名下。

無論什麼方式的虛榮，其根源都來自一個人的欲望，即因缺乏某種事物而想要獲得滿足的渴望。貪婪、嫉妒等欲望隨著個體生活條件的提高而膨脹，人們希望擁有更多的財富、更高的地位、更大的名望，以滿足自己的某種精神需求，或優越感，或滿足感，或虛榮心，一面不停地佔有，一面不停地惡性攀比。

不同的人存在不同的欲望和需求，有的人熱衷於美食，有的人沉醉於情色，有的人對精神的需求格外強烈……按性質來講，可以分為三種欲望：第一種為本能欲望，是人類生存的需要，如食欲、性欲等；第二種為後天欲望，是為了享受而形成的習慣，如吸煙、喝酒等；第三種為高級欲望，是對精神滿足的依賴感，如社會滿足感、虛榮心、自我精神滿足感等。

其中，高級欲望是最嚴重影響人們心理的欲望。不同於本能欲望和後天欲望，我們無法獲知它的上限，隨著自身需求不斷被滿足，這種欲望會越發強烈，難以滿足和控制，直至將自己拖入違法犯罪的深淵。

但欲望並不只是我們的拖累，如果正確管理自身欲望，反而能讓它成為我們拼搏的動力。邱吉爾曾說：「我的成功是因為虛榮心。」在英國下議院，他向一名年輕的議員問道：「年輕人，你知道是什麼東西支撐我在各方面都取得了如此巨大的成就嗎？」對方激動且恭敬地聆聽他的教誨，邱吉爾說：「虛榮心，強烈的虛榮心。」誰不想站在聚光燈下，成為萬人矚目的主角？但只有化虛榮為動力才能創造奇蹟。

如果無法正確管理自己的欲望，我們在見到別人的成功時，原本壓抑的虛榮心理就會逐漸變得陰暗和狠毒，並開始為了滿足自己的欲望不擇手段。

影響欲望控制的因素包括內在因素和外在因素。內在因素是指一個人的精神、心理和情感因素，比如，一個人開心時就能夠合理控制自己的欲望，但難過時就變得很困難；外在因素是指外界誘惑的強度。針對這兩種因素，想要控制自己的欲望，我們可以從以下三個角度出發：

1.游離思想

一個人的注意力是有限的，當個體注意力高度集中的時候，仍然會存在游離思想。當我們在關注自身欲望時，不妨將腦海中的游離思想放大，慢慢降低對自身欲望的需求程度。比如當我們十分渴望某一個美食時，我們可以利用自己的游離思想，將注意力轉移到另外一件事情上，如新買的鞋子不錯、房間該做清理了等。這樣，我們內心的欲望就會逐漸平息，被其他事物所替代。

2.外界刺激

心理學家丹・艾瑞裡研究發現：「當人體通過發射信號讓大腦抵制欲望

時，兩者會僵持不下，如果增加一些外界的約束制約或獎勵刺激的話，就很容易實現。」比如，兩個計畫減肥的人，一個人沒有外界干涉，只是憑藉個人意志力來完成減肥這件事；而另一個人擁有指導教練和監督人員，通過制訂合理計畫和監督來督促減肥計畫的實行。當他在減肥過程中遭遇瓶頸時，相關人員會及時為他做出調整。結果顯示，後者的減肥成效要遠遠優於前者。

3.學會自律

很多人難以管理自身欲望並不是自身能力不足，而是不夠自律，缺乏自控能力。無論外在因素還是內在因素，都需要自制力來警示自己。當一個人的自制力產生效果時，他的腦前額葉皮質也會變得活躍，當我們讓大腦慢慢形成一種習慣時，就能夠更好地管理自身欲望，做到自律。

一個人的欲望是多方面、多層次的，我們可以儘量滿足高層次的欲望追求，但一定要用正確的倫理標準、健康的生活方式來規範自己，控制欲望在利於人生發展的軌跡上運行。**欲望是天使，也是惡魔，只有理性才能使它散發耀眼的光芒。**

第六章　減少盲目比較，擺脫虛榮帶來的焦慮

橫向比較導致心理失衡

隨著互聯網的普及，在朋友圈中分享自己的生活已然成為一種常態。很多人會下意識地流覽朋友圈，關心一下最近發生了哪些事，身邊的人過得怎麼樣。朋友圈中的一些人總是曬美食、曬旅行、曬工作，他們都有著精緻的生活，有著令人羡慕的人生，我們這種下意識地流覽、瞭解他人生活的行為，反而會將自己搞得心煩意亂，尤其是與自己站在同一水平線上的人。

一位剛畢業的女孩到一家新公司上班，由於租的房子與公司太遠，她每天需要花費很多時間在路上，母親心疼孩子，就在公司附近為女兒買了一間房子，朋友們表面替她高興，背地裡卻議論紛紛，於是，「被包養」「傍富」「拜金」等風言風語開始在公司裡流傳。她十分難過，之後再也沒有提過這件事。她不知道為什麼身邊的朋友不為自己高興，反而在背後詆毀自己。

在現實生活中，這種情況十分常見，就像在學生時代，我們會因為同學的成績比我們多十分而感到失落，卻不會因為第一名比我們多一百分而感到沮喪；我們會嫉妒朋友找到一個優秀的戀愛對象，卻不會對偶遇的情侶心生波瀾。能讓我們黯然的，都不是擦肩而過的路人，而是近在咫尺的人們。

從心理學角度分析，這種情況的產生源自橫向比較所導致的心理失衡。橫向比較，指的是同類的事物進行的比較，意思就是說，兩個人的出身、經歷、能力、地位等差距越小，就越容易產生焦慮和嫉妒情緒。舉一個最簡單的例子，對一個乞丐來說，比起去嫉妒比爾・蓋茲，他更可能會去嫉妒另一個比他有錢的乞丐。

當一個與我們差距不大的人取得了成功時，就意味著我們在某些方面已經受到了威脅。在相同的基礎上，我們擁有的是一種唯一且有限的資源，如果突然有一個人變得優秀，就會導致我們所獲得的資源減少，從而擔心被淘汰。這也就是為什麼我們不會因陌生人的成功而感到焦慮，因為雙方的生活沒有交集，資源沒有互通而已。

而且，對方的成功會側面襯托出我們的弱小和無能，所帶來的突如其來的壓迫感會使我們的焦慮、緊張等負面情緒打敗理智。於是，我們就會產生如何搶奪更多資源的想法，甚至出現將對方拉回同一階層的惡劣行徑。比如當兩個家庭都能額外獲得一百元時，雙方都不會有負面情緒，然而，如果一個家庭獲得一百元，而另一個家庭獲得一百五十元，那麼前者就可能寧願自己不要額外的一百元，也不能讓後者比自己多五十元。

這種行為也是一種不自信的表現，盲目地嫉妒他人，會讓我們在潛意識中回避自己的缺陷和問題，將對自己的不滿全部發洩在比自己優秀的人身上。

那我們該如何避免因橫向比較而導致的心理失衡呢？

1. 培養雙贏思維

我們要認識到導致嫉妒心產生的內心需求，將自己的注意力轉移到如何滿足自己的需求上。比如一位與我們同期進入公司的同事，資歷和能力都和我們相差無幾，然而，對方卻率先升職加薪。我們之所以會妒忌，就是因為產生了渴望升職加薪的內心需求。

我們要學會分析自己工作上的不足，是否忽略了某些細節問題或向他人請教關於工作的經驗，重新向著自己的目標努力。如此一來，我們就將內心的不平衡感轉化為一種行動力。

2. 自我比較

當我們心理失衡時，可以嘗試有意識地放空大腦，將恐懼、焦慮、嫉妒等負面情緒清空，重新將注意力轉移到自己身上，關注自身能力的提升。當我們習慣性關注自己後，外界的資訊就很難打破我們的心理平衡，從而對自己的優勢與不足有一個明確的認識。就像《蔣勳細說紅樓夢》中的一句話：「人跟人之間所有的嫉妒，其實都是欣賞。」而我們需要做的就是，將這種欣賞變成自我成長的力量。

3. 客觀地看待自己

有時候，當你在羨慕別人的時候，對方也可能在羨慕你。你當下所擁有的煩惱，也許是他人所奢望的幸福。電影《鄰居的窗》中講述了一對中產階級家庭通過窗戶窺視一對年輕情侶的故事。中年夫妻十分羨慕對方充滿精力的生活，然而，當鄰居的男主人不幸病逝時，他們趕去安慰對方，才發現原來對方也一直在羨慕他們兒女成雙的美滿生活。

所以，我們要懂得調整自己的心態，橫向比較可能會導致個體心理失衡，出現攻擊或詆毀行為，這不但會對他人造成不利影響，還會使我們正常的人際關係出現障礙。

你想要的不是幸福，而是比別人更幸福

網上曾有一句心靈雞湯這樣說：「當你抱怨自己沒有鞋穿的時候，回頭望

一眼那些沒有腳的人，你就會感到幸福。」然而，很多人都是這樣，只有在比較之後獲得優越感時，才能感覺到幸福。

一個男人拿著剛到手的年終獎金，在回家的路上滿心歡喜地計畫著，給老婆買一件禮物，給自己買一雙鞋，給孩子買一個心儀已久的玩具……這時候，他突然接到了好朋友的電話，對方開心地說道：「兄弟，今天晚上聚一下吧，我請客！真沒想到，我們公司年終獎居然發了三十萬……」

他並沒有聽完對方的話，感覺心情一下子墜入了谷底，謊稱自己已經有約在身，匆匆掛斷了電話。他情緒低落地回到家中，原本的計畫也隨之取消了。

在現實生活中，大多數人的幸福似乎只出現在優於他人的基礎上，就像某個電影中所說的：「我正餓著呢，你手裡拿著肉包子，那麼你就比我幸福；你正內急，就一個茅坑，我蹲占了，那麼我就比你幸福……」

為什麼很多人想要的的幸福只是比別人更幸福？從心理學角度分析，這種認知源自這些人內心的自卑，他們缺乏自我認同，期望通過與他人比較來獲得優越感。其實，每個人生來都具備一定的優越感，然而，我們總是以一種羨慕的眼光去過度關注他人的美好生活，將其理解為幸福，而下意識忽略自身所擁有的幸福。所以，我們只是在用他人的概念來做「自己」。

導演林奕華在給香港大學的學生教授通識課時，播放了兩則房地產廣告：一則畫面中是一間極奢華的房子，一個女子穿著晚禮服坐在鋼琴旁，優雅地彈著鋼琴，喝著咖啡。她站起身走向窗前，向外望去，星光滿天；另一則是一個女子跟隨朋友參觀對方的房子，豪華衝浪按摩浴缸，寬敞大氣的衣帽間，全套聲控家電……她在拍攝的時候，臉上露出了羨慕和嫉妒的神色。

林奕華詢問學生們的觀後感，大多數學生豔羨她們的幸福生活。然而，林奕華卻表示：「我只看到一個博物館和一個美術館，我沒有看到一個家。每個家都有不同的個性，就像世界上沒有兩個一模一樣的人。」

更多時候，我們想要的不是幸福，而是比別人更幸福。我們總是幻想擁有跟他人一樣的生活，享受其中的諸多美好。然而，這卻只是一種自欺欺人的生活方式。《生命的意義》中曾提到：「即使在集中營這樣極端的環境中，每個人仍有選擇自己心態的權利，這是人最後的自由。」其實，對於幸福而言，一個人的外在因素固然重要，但他們看待世界、看待自己的方式，才是令人感到抑鬱或幸福的根源。

作家張小嫻說：「人總愛跟別人比較，看看有誰比自己好，又有誰比不上自己。但其實，**為你的煩惱和憂傷墊底的，從來不是別人的不幸和痛苦，而是你自己的態度。**」

世界上沒有完全相同的兩片葉子，也沒有完全相同的兩個人。既然每個人所擁有的資源都不同，那麼也就意味著「比較」從一開始就失去了公平，那麼「比較」的結果還有什麼意義呢？而且，通過比較而獲得的優越感存在時效性，前一秒你可能在為超越一個人而感到幸福，下一秒就又可能因為見到另一個人而黯然神傷。所以，一個人的幸福並非源自比較，而來源於內心的滿足。

幸福並不是比出來的，我們不能將眼中的表象和內心的真正追求畫上等號。幸福是一種感受，是一個人內心真實的渴望，無法用物質來替代，也無法被他人輕鬆奪走。真正的幸福是一種藏在心底，讓你感到踏實和滿足的東西。

再優秀的人內心也會藏著一點兒小自卑

即使再優秀的人內心也會藏著一點兒自卑，一個成績優異的人，可能會因為性格內向而自卑；一個外貌出眾的人，可能會因為人際關係差而自卑；一個成績優異且外貌出眾的人，也可能因為見到一個更完美的形象而感到自卑。

中國女子網球名將李娜在接受採訪的時候表示，自己其實是一種很自卑的人。很難想像如此強勢的女人內心居然會感到自卑。記者採訪時問道：「中網比賽的時候，你說你甚至想要逃走？可是在開賽之前，你是想贏的啊？」李娜回答說：「賽前是想贏，可是當走到中心場地的那一刹那，我連邁開步子的勇氣都沒有。」

在另一場採訪中，記者問道：「每次網球比賽間隙，你都會讀一些小字條，那上面寫了什麼？」李娜總是回答，是比賽戰術，以及一句「相信自己，你一定能做到」。這句話是在李娜上場比賽之前寫好的，是場下的自己對場上的自己的激勵，她需要這種激勵，來克服自己內心的自卑。

自卑的產生源自比較，如果我們總是和能力不如自己的人相處，處處體現自己的優勢，那我們將收穫大量的優越感，變得更加自信，甚至出現驕傲自大的情況。但是，如果我們的身邊總是圍繞一些比自己優秀的人，我們就會因處處比不上別人而感到自卑。

心理學上有一個術語為「對攻擊者的認同」，是指一個人會通過認同攻擊者，而將他們的攻擊行徑內化為自己的缺陷。比如為了關心孩子，大多數家長經常說：「你做不好，我來吧！」「你洗不乾淨，我來洗吧！」……然而，這種互動方式是在無意識地攻擊孩子：「你什麼都做不好，什麼都不會。」長此以往，孩子會逐漸認同和內化這種攻擊，並出現認知偏差，認為自己除了優異的成績能夠換來父母的認同以外，在其他方面毫無用處。

美國人本主義心理學家羅傑斯表示：「我，是一切體驗的總和。」這也就意味著，如果一個人在童年時期缺乏關注和認同，這種生活體驗會使他在人生的道路上走得更加艱難。他們的諸多努力往往不是為了完成某一個目標，而是為了獲得別人肯定的評價。比如認為「我只有考上一所好大學，找到一份好工作才能讓我的父母臉上有光，避免被他人輕視」。於是，無論他們在成長的過程中變得多麼優秀，收穫多少讚美與肯定，他們都會因為內心的固有評價而對自己產生懷疑。這種固有評價就是長期存在內心的一個聲音：你並不好。

雖然糟糕的童年體驗並不能對一個人的人生起到決定性的作用，但他們需要花費大量的心力糾正自我認知，不斷肯定自己，逐漸提高自我效能感。這就是優秀的人內心的自信不穩定的原因，一旦遇見比自己優秀的人就很容易出現自卑的情緒。

自卑，一直以來都源於我們的內心，而不是外界所給予的，即使再優秀的人也不例外。所以，當我們感到自卑的時候，請正視自卑，試著讓自己走出困境，獲得解脫。

1. 放下自己的高期待

每個人都存在被肯定、被接納、被認同的渴望，但有些時候，一個人對自己高期待反而會阻礙自己的發展。當我們在某一領域取得了不俗的成果時，我們就會下意識地認為自己在其他領域也應該獲得相同的成就，但完美並不存在，前後兩者的反差感就會令我們感到自卑。

心理學家阿德勒認為，當一個人的期望過高，他們就會將達到自己的期望看作生活的全部意義。適當的期待是一種動力，而過高的期待往往會使我們喪失信心。所以，想要避免自卑，我們首先要放下對自己的高期待，學會接納自己的不完美。就如電影《黑天鵝》中所說：「**完美並不都來源於控制，它也來自放手。**」

2. 放棄比較

俗話說：「與其臨淵羨魚，不如退而結網。」想要擺脫自卑，我們就要放棄爭鬥的心，糾正與他人比較的習慣，不斷地提升自己。一個人的優秀，並不是優於別人，而是要優於昨天的自己。當我們將注意力放在自己不斷成長的過程中，看到自己的變化，我們的自信也就會變得越來越穩定和持久。我們要堅信，一個人最大的敵人只有自己，讓自己變得強大，才是一個人要走的路。

3. 提高自我認同感

當我們對自己產生懷疑時，一定要敢於接納外界對自己的積極評價，糾正內心的自我否定。我們要發自內心地肯定自己，我的優秀無關於性別，無關於環境，是內心力量的一種顯化，提高自我認同感。

除了自己，沒有人能夠讓我們自卑，就像韓劇《請回答一九八八》中所說：「搞怪的不是紅綠燈，不是時機，而是我數不清的猶豫。」所以，我們要懂得接納自己，告別自卑所帶來的困擾。

做自己，擺脫身分焦慮

「身分」可以是一種社會地位，指的是一個人在他人眼中的價值和重要性，而「焦慮」就是對這種社會地位的擔憂。一般來說，出現身分焦慮情況的人往往擁有一定的經濟基礎，他們存在避免墜入下層社會的能力和意願，卻缺少足夠的資源去完成向上層社會的蛻變。這種尷尬的處境和巨大的心理落差，會驅使他們依靠購買某些帶有特殊符號的商品來完成對自身社會地位的認同。於是，盲目且不考慮後果的消費就此產生。

那麼，出現身分焦慮的原因有哪些呢？

1. 渴求身分

每個人都會努力地爭取財富、名聲和關愛，渴望得到他人的關注和支持，得到更高的社會地位。這是由於人們對自身價值的判斷存在一種與生俱來的不確定性，這也就意味著我們的自我感覺和自我認同在一定程度上受限於外界對我們的評價。我們之所以出現身分焦慮，是因為我們的社會地位決定了獲得關注和支持的程度，而外界的關注和支持是我們自我認同的關鍵。

2. 勢利傾向

我們為社會地位而擔憂，恰恰是擔心他人輕視自己，傷害自己的自尊心。勢利者往往將一個人的社會地位和個人價值畫上等號，但是，我們無法改變一個勢利者對自己的輕視。在與勢利者相處時，我們會因渴求自尊而受挫，於是，我們就會寄希望於通過某種方式來提高自己的社會地位，在勢利者中間搶奪一個位置。

3. 精英崇拜

在某些人的認知中，社會地位在很大程度上反映了一個人的能力和素質。這一觀念的傳播和認可，賦予了金錢一種虛假的含義——金錢是一個人良好品性的象徵。就是說一個腰纏萬貫的人不僅富有，而且能力和品性遠超常人，而窮人往往是沒有任何價值的。

達爾文主義者表示：「一個社會的資源，即金錢、工作和榮譽存在限度，想要獲取這些資源，就必須有一番爭鬥。」基於這種觀念，爭鬥失敗的人的貧窮，不僅是一種痛苦，更是外界給予的一種羞辱。

4. 制約因素

在人們努力提升社會地位的過程中，存在一個明顯的問題——不確定性。這種不確定性體現在身分的提高受到社會的各種制約，如雇主盈利原則、經濟發展規律、運氣等。這就意味著想要獲得一個滿足自身渴望的位置是一件不容易的事。我們的需求和社會的不確定性所產生的不平衡，導致了身分焦慮的出現。

那我們該如何避免身分焦慮呢？

1.哲學

一位哲學家曾說：「決定我幸福的不是我的社會地位，而是我的判斷。這些判斷才是我隨身攜帶的東西，只有這些東西才是我自己的，是別人帶不走的。」有時候，我們只不過是太過在意別人的精緻生活，而忽視了身邊的幸福，而且，你所在意的身分未必是真正適合自己的身分。

兩隻老鷹，一隻生活在籠子裡，另一隻生活在荒野中，牠們相互羨慕對方的生活，於是，牠們決定交換身分。然而，一段時間之後，兩隻老鷹都死了，一隻因不能捕獵而死，另一隻因失去了自由而死。

所以，我們可以通過學習哲學的相關知識，提高自我認知，更加理性地看待身分所帶來的焦慮。

2.藝術

藝術在一定程度上可以幫助我們緩解，甚至消除焦慮情緒，如書法、繪畫、音樂等，雖然是幾種不同的方式，但都是通過轉移注意力使人的情緒平靜下來，達到緩解焦慮的目的。

有人說：「我們不快樂的原因之一，就是不知道如何安靜地待在房間裡，心平氣和地與自己相處。」所以，我們可以通過培養一種藝術愛好，來幫助我們認識自己、接納自己、完善自己，將自己變成理想中的樣子。

在生活中迷失本心，會使我們將一生中最美好的時光耗費殆盡。所以，讓我們擺脫身分焦慮，拒絕變成他人所希望的模樣，成為一個獨一無二的自己。

你的焦慮，來源於欲望和實力之間的差距

當一個人對自己的期望過高時，如果由於欲望和實力不相符，導致其無法完成既定目標，現實與理想之間的落差就會給他帶來挫敗感、失落感，甚至無力感，焦慮情緒由此產生。對於一些人而言，焦慮會促使他們分析自身的不足，及時調整目標，不斷給自己積極的暗示，但對大多數人而言，焦慮更多地會導致他們對自己的能力產生懷疑，無法正確地認識自己，以至於失去信心。

現實與理想之間的「對比」之所以能夠造成傷害，一方面可以歸結為個人

原因，另一方面互聯網的存在也起到了推波助瀾的作用。互聯網資訊發達，使得人們容易獲知過多的物化成功案例。而相較於物質成功，無法具象化的精神成功很難通過互聯網傳遞，一些功利性、實用性、物質性的因素使人們對成功的認知出現偏差，這也就導致了他們更容易樹立不切實際的目標，也更容易感受理想與現實的差距，從而變得焦慮。

其實，理想與現實之間存在差距是一件很正常的事情，理想之所以被稱為理想，正因為存在一定的獲取難度。如果一個人的欲望總是被輕易滿足，那他就會逐漸失去目標，缺乏滿足感，從而不斷膨脹自己的欲望。但是，理想一定不能脫離現實，不切實際的理想是無法企及的，也是導致理想與現實之間的差距「深淵」無法被填滿的原因。

史丹福大學心理學教授所著的《自控力》中，對焦慮情緒做出了解釋：「試圖壓制焦慮情緒也會事與願違。人們試圖將想法擠出大腦，但身體依然會接收到訊息。正如壓抑悲傷和自我批評的想法會讓情緒變得更加沮喪，壓抑思維會產生嚴重的焦慮症。越是壓抑消極情緒，人越可能變得抑鬱。」所以，想要緩解或消除焦慮情緒，我們要從根源上解決欲望和實力之間的差距。

1. 拒絕極端

極端的理想主義會使我們善於幻想，在心中虛構出一個能夠滿足自己所有欲望的世界，一切都如自己所願，與自己契合。但冷酷的現實會打破這種虛幻，當巨大的壓力突然襲來，我們就會因無法承受而選擇逃避，變得焦慮。

而極端的現實主義，則表現為「當一件事的成功率為百分之百時，我才會去做它」。而這種沒有意義的等待，往往會將現實與理想的差距更為清晰地展示在我們面前，我們不斷地等待時機，也會不斷地焦慮下去。

所以，我們要拒絕極端，拒絕幻想和退縮，就像海倫・凱勒所說：「沒有探險的人生，等於白活。」

2. 降低預期

失敗並不能代表理想的破滅，反而是給了我們具有一定價值的回饋。當我們的理想與現實之間的差距過大時，我們不妨修正自己的理想，降低預期，使達到目標的機率提高。

3.設定時限

一個長遠目標的實現難度往往很大，但如果我們將它分解出很多小目標，會增加計畫的可行性。比如當我們需要完成一篇論文時，我們可以從制定框架、準備素材、撰寫草稿、整體潤色等步驟去落實。

而且，為計畫設定一個時限會提高我們的執行力和行動力。一九六一年，美國總統甘迺迪曾提出「十年登月」，歷史告訴我們，美國在一九六九年實現了這一目標。

4.樂觀向上

福特說：「你相信你能或者不能都是對的。」所以，面對理想與現實的差距，我們不能悲觀，一定要保持一個積極向上的心態。珍惜生活中的幸事，培養自己的信心與胸懷。想要跨越理想與現實之間的鴻溝，我們必須認清現實、理解現實，而不單單是以自己的觀念去看待現實，追求理想是為了改變我們的生活，使我們的人生更有意義，而不只是為了滿足內心的虛榮。

人生而不平等，坦然面對

我們無法否認階層是一個客觀存在的事實。所謂平等，不過是機會面前人人平等，但也會受到各方面因素的影響。就像人人都有享受教育的機會，但所受教育的品質是不平等的；人人都享有醫療保障，但所擁有保障的品質是不平等的。蘋果公司創始人賈伯斯和普通人一樣排隊等待肝臟移植，但他卻可以同時在幾個州排隊，也就擁有高於常人的存活率。

人本來就是生而不平等，電影《中國合夥人》中主人公的不同經歷就是一個最好例子。農村家庭出身的成東青與高知家庭出身的孟曉駿進入了同一所大學。但是，如果村民沒有借錢給成東青的話，他根本就沒有進入大學的機會，哪怕他比孟曉駿努力一萬倍。而且，家庭教育品質的差距也導致兩個人的人生出現了不同的境遇，孟曉駿輕鬆拿到簽證，遠赴美國，而辛苦背書的成東青卻屢屢受挫。

也許有人會問，成東青的結果不也很完美嗎？但是，我們要知道，多少萬人中才會出現一個成東青，而一萬個人中又會有多少個孟曉駿。

我們無法接受「人生而不平等」，其實是嫉妒情緒在作祟，由於自己在地位、成就等方面不如別人，導致心理失衡，這本質上是一種缺乏安全感的表現。這些我們在意的點是因為潛意識中的需求，如果無法得到滿足，就容易產生憤怒、怨恨等負面情緒。

我們對現實的不滿很容易影響自己的歸因方式，將一個人的成功和失敗單純地歸結為外界因素的影響，從而出現以下幾種行為。

1. 扭曲對自己的認知

當我們無法正確看待「不平等」時，自我認知會出現偏差，無法將一件事情發生的原因歸結為內、外因素相互作用的結果，而只將導致無法獲得與他人同等的機會的因素歸結為自己經濟能力匱乏、社會地位低下，從而放棄個人成本的投入。

2. 扭曲對他人的認知

忽視他人的個人能力和後天努力，將成功的原因完全歸結為其優越的家庭條件等因素，對他人的成就做出缺乏客觀的評價。

比爾・蓋茲的第一桶金是在身為IBM（國際商業機器公司）總裁的母親的幫助下獲取的，很多人就認為他的成功不過是因為擁有一個優於他人的家庭，但我們無法否認他出眾的能力和遠見。如果他只是一個事事依靠父母的庸才，相信世界無法這麼快見到微軟。

當我們羡慕他人的出身和富貴時，就已經將自己囚禁在貧富貴賤的等級觀念中了。所以，追求公平只是一種理想，但正因為它是一種理想而不是現實，所以我們別無選擇。

1. 承認不平等

人生而不平等的東西有很多，家庭、父母、身高、容貌等都無法憑藉一個人的主觀意識去改變。你越是糾結這些「不公平」，就越是會被「不公平」所累。我們要承認「不公平」的存在，對現實有一個清醒的認識，放棄不必要的抱怨和幻想。與其羡慕他人的優越條件，不如權衡自己的出身、智力、社會資源等，制訂一個切實有效的計畫，勇敢地向自己追求的世界出發。

《格格不入的平等》是拍攝於巴基斯坦卡拉奇的一組照片，分享了巴基斯坦小朋友們的生活，他們經常在路邊賣海鮮補貼家用，而同齡的孩子大多數都在父母的懷抱中玩耍。他們無力改變這種差距，面對命運的不公，他們除了努力，別無選擇。

當我們能夠坦然面對「不平等」時，就不會再去羨慕他人的出身、嫉妒他人的美貌、仇恨他人的幸運。我們會將注意力轉移到自己身上，努力去尋找屬於自己的幸福。

2. 反對宿命論

羅曼・羅蘭曾說：「宿命論是那些缺乏意志力的弱者的藉口。」對弱勢群體而言，很多人在無力改變現狀或遭遇失敗時，會為自己找各種各樣的外在托詞，最終將其歸結為命運。他們逐漸變得消極頹廢、悲觀，失去鬥志，喪失自身的主觀能動性。

反對宿命論，並不是要求我們盲目抗爭命運，知其不可為而為之，而是為了讓我們對自己有一個清晰的認識，放棄我們無法改變的東西，積極掌握所能改變的東西。

3. 追求平等

人與人之間的平等，並不是先天擁有的，而是需要我們後天的努力爭取。就像在公司中，你的方案被領導否決，你不能要求他做到平等，因為你只是一個建議者，而他才是決策者。你要做的是努力提升自己，爭取獲得決策權，獲得眼中的平等，而不是將時間浪費在沒有意義的辯論上。

社會就是一個優勝劣汰的修羅場，成功源自一個人的不斷努力和追求，平等亦是如此。就像電影《中國合夥人》中，孟曉駿在外國的實驗室做助教，他和另一個人一樣努力，教授也沒有區別對待，但因為孟曉駿選錯了專業，最終他失去了這份工作，這就是現實。

對無法改變的事物抱怨，是世界上最沒有意義的事情。所以，我們要坦然接受命運的不平等，著眼於未來，通過努力獲得自己所期望的生活。

保持心理平衡的秘訣：適當與人比慘

在一檔綜藝節目中，一群明星在餐桌上分享自己的經歷，演員A說道：「我特別在意別人對我的看法，我經常會看網友對自己的評價，很多人都說我長得這麼醜，怎麼還能出道？」他略帶心酸的話語，使得原本輕鬆的氣氛變得有些傷感。此時，演員B附和說：「這種事很常見，我也經常看到網上很多人針對某部電影，『明明這麼爛，為什麼能獲得這麼高的票房？』」

演員C突然笑道：「那我也不是一樣被罵慘了。」幾個人你一言我一語，互相比慘，分享起自己曾經被「網嘲」的經歷。聽到身邊的人都和自己比慘，演員A瞬間笑了起來，尷尬的氣氛得到緩和，眾人又開始有說有笑。

如今，「比慘」更像是一種社交手段，無論是線上還是線下，只要在一個公開的場合，很多時候都會出現「比慘」大賽，和互相吹捧一樣。對一個人來說，與他人對比是一種習慣，也是一種本能。而「比慘」能夠讓人獲得一種心理上的安慰，就像很多影視劇一樣，主角一般被設定成從小父母雙亡，家境貧寒的背景，即使出身一般，也要遭受周圍的唾棄。越是悲慘的人物和故事，越能夠吸引人們的關注，這恰恰體現了人們對「比慘心理」的需求。

「比慘」其實是一種心理安慰和藉口，讀書時，當我們在糾結自己是否要學習的時候，如果看見周圍的同齡人在玩耍，心裡就會給自己一個安慰而安心去玩耍；長大之後，當我們見到別人比我們慘時，內心就會感受到自己所擁有的幸福，從而得到慰藉，變得開心。

在一場聚會中，只要有一個人開始訴說自己的悲慘經歷，就會在無意中奠定整場聚會的基調，而平日裡積壓的負面情緒也在這一刻得到宣洩。在這種情況下，「比慘」就意味著與其他人處於相同的狀態，更容易被他人所認同和接納。

思想家馬克思說：「人是最名副其實的社會動物，不僅是一種合群的動物，而且是只有在社會中才能獨立的動物。」這就意味著我們需要更大限度地融入一個群體，才能獲取安全感和幸福感。

在「比慘」的過程中，我們不僅能夠宣洩內心的負面情緒，收穫心理上的安慰，還能通過彼此之間的交流得到一些提升自己的技巧，甚至寶貴的人生經驗。在他人的經歷中，我們能瞭解對方是如何調整狀態，找到人生的方向，逐漸反敗為勝的。而且，在交流悲慘的經歷時，彼此之間容易產生共情，這能夠拉近彼此之間的距離。就像從對方的經歷出發，我們能夠更多地瞭解對方的性格和人品，對彼此之後的相處有很大的幫助。

但是，一味地「攀比式賣慘」，只是一種變相的炫耀，在訴苦的過程中不知不覺地抬高自己，會使周圍的人變得越來越焦慮，惹人厭惡。

人與人之間的差距是導致心理失衡的重要原因，而「比慘」能夠讓我們從低位者的角色中脫離出來，得到心理安慰。適當地「比慘」確實能夠幫助我們獲得心理平衡，但是，我們也要學會如何正確地比慘。

1.「比慘」的目的

我們要知道，「比慘」的真正目的是讓自己獲取一個全新的視角來理解自己，理解往往比改變更有意義。所以，「比慘」並不是為了展示自己的不易，而是在合理宣洩內心負面情緒的同時，認識到自己的優勢和幸運。

2.傾聽他人的煩惱

我們可以嘗試與身邊的人進行溝通，詢問對方最近是否存在某些煩惱，在傾聽過程中，我們會發現對方的壓力其實也不會少於自己。當我們見到他人比我們慘時，會感到自己的痛苦其實並不算什麼，而自己認為生活難以繼續的狀況，其實對他人來說不過是家常便飯罷了。當我們瞭解得更多時，心理就會逐漸趨於平衡，從而充滿信心地去面對當下的環境和問題。

3. 關心社會弱勢群體

我們也可以嘗試去孤兒院、貧困地區走訪，感受當地人生活的不易。通過比較，我們會發現自己的生活其實充滿了幸福，不該被眼前的困難與煩惱所牽絆。

就「比慘」而言，學會如何正確地使用這一技巧十分重要。如果你能夠恰當且適宜地與他人比慘，你就能夠擁有一項維持心理平衡的技能，而如果無法控制「比慘」的程度，就很容易與我們的初心偏離。最重要的是，一個人的煩惱只源自內心，他人永遠也無法給你帶來煩惱。「比慘」雖然在一定程度上能帶來自我安慰，但前提是我們不能將其視為優獲取越感的管道。否則的話，「比慘」只會讓我們在追求心理平衡的道路上越走越遠。

將負性攀比轉化為正性攀比

現實中，攀比心理已經滲透到方方面面，能力攀比、外貌攀比、社會地位攀比等，甚至有些人連自己的孩子也要攀比：當我們擁有他人所沒有的事物時，就會在他人的羨慕中感到滿足；反之，則會感到不安，而這種優越感只是建立在他人的關注層面，並且，物質追求往往要比精神追求來得更加容易和快捷。

攀比心理是在漫長發展中催生的一種基於物質上互相衡量的機制，讓人感到焦慮不安的同時，在某種情景下，也會促進一個人的成長。

攀比心理，是指一種不考慮自身經濟能力而盲目去和他人比較的消費心理，後又泛指因人們與參照事物存在較大相似，導致自身需求過度放大，虛榮動機增強，促使極端心理和行為產生的心理。

根據攀比結果的不同，攀比心理可分為正性攀比和負性攀比。正性攀比趨於理性，通過與他人的比較，產生積極的良性競爭，提高人們的行動力和面對困難的勇氣。比如一個孩子對學習充滿了熱情，當同桌的成績超過他時，他內心會感到焦慮，渴望超越對方，就變得更加努力。無論在學習上，還是在工作上，正性攀比往往會促使一個人變得更加優秀。

與正性攀比相比，負性攀比最大的問題就是個體對自己和所處環境缺乏理性分析，伴隨過於情緒化的思維，導致個體需要通過一味地盲目攀比來緩解精神壓力，確認自我價值。

這種行為對他人、對自己都毫無益處，甚至會帶來麻煩。比如無端增加自己的經濟壓力。對大多數人而言，通過消費滿足自身需求的程度，取決於他們的經濟能力。但隨著社會消費水準的不斷提高，加上互聯網的飛速發展，使各種帶有符號意義的商品進入人們的視線，在「面子消費」心理、嫉妒心理的影響下，人們為了滿足自身的虛榮心，攀比和消費行為從而被相互啟動，這就是負性攀比。而這種攀比往往會使人們因過度消費，而負債累累。

而且，對孩子而言，避免負性攀比尤為重要。如果父母不能正確引導，孩子很容易在成長過程中沉迷於優越感所帶來的快感中，變得極度愛慕虛榮。他們在生活中會極力炫耀自己的名牌衣服、豪車、父母的職位等，甚至樹立不正確的金錢觀。

既然攀比是一把雙刃劍，那我們該如何利用正性攀比，刺激自己的競爭欲望，產生不斷追求美好的動力呢？

1.糾正自我認知

俗話說：「臺上一分鐘，臺下十年功。」每個人的成功和優秀都不是偶然，我們往往會羨慕別人表面的光鮮，卻無視他們背後的努力。很多人羨慕三十二歲的C羅擁有廿三歲的身體，是世界足壇的一名巨星，讓人望塵莫及，但很少有人看見他每天堅持做兩千個伏地挺身，將客廳改造成健身房，隨時隨地訓練。如果我們刻意將已經達到某種高度的人來和自己比較，只會無端增加自己的壓力。所以，我們要糾正內心的不平衡，理性看待彼此之間的差距。

2.不斷自我暗示

暗示是用含蓄、間接的方式對一個人的心理和行為產生影響。心理學家普拉諾夫認為，暗示的結果可以使一個人的心境、情緒等方面發生變化，是影響潛意識的最有效的方式之一。

自我暗示可以理解為自我肯定，是指憑藉自己堅定的積極認知，擺脫主觀的、否定性的消極思維模式。自我暗示是一種強大的心理調節技巧，能夠幫助我們驅散內心的恐懼和陰霾，使心理預期和生活態度發生改變，增強心理承受能力。

一位極具天賦的演員畢甫佐夫，存在口吃的缺陷。但在一場演出中，他不斷暗示自己，舞臺上的言語和動作完全屬於劇中的角色，而這個角色是不口吃的。於是，在這場演出中，他成功克服了自己的缺陷。

3. 增強自身實力

我們之所以會出現負性攀比，往往是因為自身的實力與期望值不相符，導致內心不平衡，出現嫉妒、怨恨等負面情緒。因此，應增強自己的實力，讓自己求有所得，緩解內心的不良情緒，同時理性地看待追求的事物，避免負性攀比的出現。

所以，生活中很多事不需要太在意，每個人都有屬於自己的生活方式。如果我們渴望得到像他人一樣的生活，請努力；如果我們嫉妒對方優於我們的生活，那麼請學會坦然面對自己和他人的差距。

第七章 打造富足感，彌補內心的空虛

存在感不是刷出來的，內心富足的人自帶光環

威廉・詹姆斯說：「人類天性至深的本質，就是渴求為人所重視。」每個人都希望在社會關注和重視中獲得存在感，但追求的方式卻大相徑庭，有的人依靠事業上的成功；有的人通過做公益事業奉獻自己；也有人每天將自己打扮得十分精緻，甚至不停地在社交圈中「炫」豪宅、「秀」幸福，通過他人的讚美來獲取存在感。

習慣「刷」存在感的人大致分為兩種：一種是在現實生活中缺乏傾訴的對象，將內在的表達需求轉移到虛擬的網路上的人；另一種是通過炫耀自己的富足且精緻的生活，來保護自己脆弱的自尊，滿足自己的虛榮心的人。這兩種人的共同點是內心空虛。

從心理學角度來說，內心空虛是指精神一片空白，沒有寄託，沒有信念，感覺不到自己被需要，也不覺得需要什麼，時常無聊和寂寞。於是，很多人紛紛用視覺的衝擊來祈求他人的駐足回眸。各種自拍、照片、小視頻充斥著朋友圈、微博等各大社交平臺，點讚、評論、互動，樂此不疲……他們很享受被他人仰慕、點讚的生活，每次滑動自己的朋友圈動態，看著一排排的點讚和評論，都有一種飄飄然的感覺。

存在主義心理學家羅洛梅認為，當一個人缺乏存在感時，也會喪失相應的自我價值感。而內心空虛的人因為感覺不到被需要變得恐慌和不安，所以他們需要源源不斷地向外發聲，期待得到回應。如果有回應，他們會感覺欣慰；沒有回應的話，則會陷入歇斯底里的掙扎和苦惱中，越發渴望引人注目。

席慕蓉曾在《獨白》中寫道：「在一回首間，才發現，原來，我的一生的種種努力，不過是為了周遭的人對我滿意而已。為了博取他人的稱許和微笑，我戰戰兢兢地將自己套入所有的模式、所有的桎梏。走到途中，才忽然發現，我只剩下一副模糊的面目，和一條不能回頭的路。」

作家李尚龍曾表示：「只有弱者，才會狼狽地刷存在感。」**真正的存在感不是刷出來的，而是來自強大且自信的內心。**

那我們該如何做一個內心富足的人呢？

1.擁有一技之長

古人云：「能為人之不能為，敢為人之不敢為。」在這個充滿競爭的時代，擁有一技之長就是掌握了最好的生活方式，你的能力、你的專業性就是你的存在感。每個人都在這個時代佔據一席之地。我們獨特的技能會為我們帶來更多的關注，也會使我們的內心變得更加富足。

2.堅定自己的信念

堅定自己的信念應該並不只是停留在口頭上，而是發自內心。西方曾有諺語：「同一件事想開了是天堂，想不開就是地獄。」當我們遭遇困難時，會痛苦和沮喪，就是無法守住內心的信念。一個內心富足的人可能外表脆弱，但內心格外強大且充滿自信，這種自信源自對自身淺薄的深刻認識以及對自然和生命的敬畏。只要你相信，就沒有到達不了的明天。

3.保持內心的平和

平和的心態往往能夠影響一個人的生活水準。心浮氣躁、暴躁易怒會使我們喪失理智，面對生活少一分急躁，多一分平和，才能使內心變得富足且安慰。

丹麥思想家克爾凱郭爾的一生一貧如洗，終日被雞毛蒜皮的事所擾，而且他的生命也比較短暫。但是，他面對艱苦的生活始終保持一種平和的心態，一生都充滿了快樂。

我們雖然可以通過他人的回饋和社會的關注來獲得存在感，但歸根結底，任何資訊都是作用於對自我存在的肯定。「刷」出來的存在感往往會因外界的變化而輕易崩塌，而自我認同和肯定才能使存在感長久不衰。

讀一些可以滋養心靈的好書

當今浮躁的社會，快節奏的生活，使大多數人都沉浸在「快、簡、易」的社會氛圍中。為了順應時代潮流，每個行業都開始追求「快」，速食麵、快餐廳、快捷酒店、快車……人們越來越享受這種「快」帶來的便捷，反而失去讀完一篇長文的耐心，甚至不願觸及具有一絲難度的事情。

隨著互聯網的興起，短視頻佔據了大部分人的閒暇時光，相較於具有深度的閱讀，人們更傾向於能夠瞬間令人發家致富的「乾貨」，從而導致成功學大行其道。於是，我們很難在生活中見到文學、哲學、歷史類的書籍，眼之所見，皆是閱讀萎縮後人心的浮躁與空虛：某些「學術明星」僅憑一點兒心得就可以得到萬人追捧；不知「禮」為何物的少年掌摑老師後還振振有詞；追求感官刺激的電影少不了激情戲；車模逐漸成為汽車銷售的基本配備……這些令人尷尬的現象，源自人心的浮躁，其背後就是閱讀量的逐漸下降。

人們為什麼會感到空虛和迷茫？楊絳先生曾作答：「你的問題主要在於讀書不多而想太多。」閱讀量匱乏的人往往想得太多，因為幻想是一件毫不費力的事情，正好迎合了我們懶惰的心理，我們更傾向於一些能夠直接吸收的東西，就像很多人靜不下心來看書，反而能夠注意力集中地上網、打遊戲。但是，激情過後隨之而來的就是空虛，因為缺乏思考，導致我們的想像只是停留在一個點上，無法跳出既有的框架，於是，越幻想就越感到浮躁和空虛。

一本好書中心明確，且富有邏輯性，這對一個人的思考具有很強的引導性，而且，對個人而言，自我認知往往比外界的評價和指導更具有說服力。比如書中講「**世界上，每個人都是被上帝咬過的蘋果，都有缺陷，有的人生理上缺陷比較大，是因為上帝特別喜愛它的芬芳，而道德上有缺陷的人的缺陷，卻是被蟲蛀的。**」我們對待存在缺陷的態度，自身理解往往比他人勸誡要更為直接和有效。

古人云：「讀萬卷書，行萬里路，二者不可偏廢。」相較於「行萬里路」，「讀萬卷書」對我們而言，相對簡單一些。書是一扇通向不同平行世界的大門，我們能夠從中看到對待一個問題的不同角度和思考方式，這樣我們就不會被自身的眼界所限制。當我們的思維不被局限去考慮一個問題時，會更加合理且具有深度。也許，我們讀過的書無法直接在生活中顯露出來，但它們無時無刻不在滋潤著我們的靈魂，就像作家三毛所說：「許多時候，自己可能以為許多看過的書籍都成為過眼雲煙，不復記憶，其實它們仍是潛在氣質裡、在談吐上、在胸襟的無涯，當然也可能顯露在生活和文字中。」

讀書可以減輕生活的壓力，填補內心的空虛，但並不是所有的書都能夠產生這種效果。所以，書的選擇也很重要，我們要儘量去選擇一些適合自己的書。

1. 歷史書

歷史是一面鏡子，也是生活中最厚重的色彩。我們可以從中華五千年的興衰中體會各大王朝的輝煌與落寞。

推薦《明朝那些事兒》，本書擺脫了歷史書給人們帶來的枯燥乏味的刻板印象，以詼諧幽默的語言講述了明朝一三四四年至一六四四年發生的真實事件；《大秦帝國》，一部描述秦朝從鼎盛走向衰敗的歷史長卷，雖然秦朝的歷史只有短短的十四年，但卻是悲歡離合奏成的一部歷史交響樂。

2.哲學書

哲學其實是對世界和生活的洞察，可以讓我們變得睿智通達，能夠將生活看得更加透徹。而哲學的意義也就在此，指導我們擁有更好的生活。

推薦《純粹理性批判》，本書界定了人類知識的形式和範疇，論證了固有形式和範疇只適用於現象世界的說法；《查拉圖斯特拉如是說》，尼采的里程碑式的作品，以散文和詩歌的方式宣揚「超人哲學」和「權力意志」，表達了尼采對生活、痛苦、煩惱和期望的深刻理解。

3.文學書

文學可以使人的生活變得富有情緒，性格變得優雅，提升人們的內涵。

推薦《平凡的世界》，沒有煽情，沒有浮誇，沒有猥瑣，沒有吹捧，它通過幾個家庭，描繪出了一個時代，是一本讓人感動、微笑、羞愧、堅強的書；推薦《飄》，全書洋洋灑灑百萬字，故事曲折，情節真摯，但並不會讓人覺得乏味冗長。

雖然，讀書能夠給我們帶來很大好處，但有些東西並不是單純地讀書就能夠擁有的。你可以熟練背誦王小波或三毛的情話，卻無法體會「十年生死兩茫茫，不思量，自難忘」的深情，無法體會「愛是想觸碰又收回手」的那份卑微和膽怯。所以，我們不僅需要讀書，也需要廣泛地參加社會活動，拓寬人生的邊界，體會人生百態。

改變態度，讓你享受工作

日劇《校對女孩河野悅子》中的主人公河野悅子，是一個夢想成為雜誌社編輯的女孩，她每次都會購買雜誌社出版的雜誌，對其中的內容如數家珍。但是，她的幾次面試都以失敗告終，但因為細心謹慎的態度，悅子成為了一名審核員。她並沒有放棄自己的夢想，也沒有為當前的工作感到煩惱，反而努力做著自己的本職工作，毫不放鬆。她每天都充滿了熱情，迎接每一個人，迎接每一份工作。

在現實中，我們大多數人往往缺乏這種熱情，擔心做一份不喜歡卻又不得不做的工作。而這種擔憂恰恰就是現實，如果我們不喜歡當下的工作，就會變得怠慢、拖遝，幾小時的工作就可以把自己折騰得疲憊不堪，一天下來，我們收穫的不是滿足，而是不停地吐槽和抱怨。我們開始確認這不是自己想要的生活，懷疑這份工作是否還需要堅持下去。

《校對女孩河野悅子》中說：「世界上真的有令人快樂的工作嗎？如果真有那種工作的話，大家肯定都去做了，不僅僅是工作，不管是人生還是什麼，享受還是不享受，不都是看自己的心態嗎？」

「壽司之神」小野二郎一生都在追求創造完美壽司，九十四歲高齡的他在超過五十五年的時間裡，都是在做壽司。但這種數十年如一日的工作卻並未讓他感到枯燥，反而在不斷追求中找到了屬於自己的快樂。

心理學家米哈里・契克森米哈賴提出了「心流」的概念，他將其定義為：「一種將個人精神完全投注在某種活動上的感覺。」當心流產生時，人們會出現高度的興奮感和充實感，專注於當前所做活動中的快樂，甚至忘記時間。

當一個人的能力大於挑戰時，他就會認為工作太過枯燥；當一個人的能力小於挑戰時，他又會因為壓力太大而感到焦慮不安；當一個人的能力匹配挑戰時，他就會變得專注且投入，也就是產生了心流。簡單來說，就是小野二郎看似每天都在重複做壽司的動作，但事實上製作壽司的每一個環節都需要進行推敲，為了使壽司的口感和味道更好，他每天都在不斷提升自己的能力，同時也在為自己設定更高的目標。這也就是意味著，他每天的工作內容都沒有重複，而是在不斷提升的過程中享受精神層面的滿足。

而這一過程能夠幫助人們獲得即時滿足感，就像打遊戲一樣，不斷地通關，不斷地升級，自然而然不會令人感到枯燥乏味。只不過在其他人眼中，我們依舊是在重複昨天的工作而已。所以，哪有什麼大毅力的人，能夠忍受常人所不能忍的枯燥？其實，他們只是樂在其中罷了。

工作對大多數人而言，就是一個包袱，讓他們不得不負重前行。如果不想活得這麼累，我們可以嘗試著改變態度，學會享受工作。

1.明確工作的價值

我們要明白，工作是人生重要的組成部分。對許多人來說，如果沒有了工作，也許他們能夠生存，但生活也將變得空虛，甚至他們會無法感受到自身的價值，喪失生活的樂趣，甚至找不到生活的意義。而工作是一個人獲得存在感和價值感最直接的方式。

2.保持熱情

世界上任何一件偉大的事都是因為熱愛才能取得成功的，如果我們總是將工作當作一種累贅，抱怨這種重複且枯燥的工作，那我們永遠都無法感受到其中的快樂。熱情是做好一切事情的原動力，無論是工作還是生活都需要用它來增添色彩，才能讓我們更好地感受工作的意義。這也是為什麼一個成功的人，無論將他放在什麼位置，他都能夠脫穎而出，因為靠的就是對事情的熱愛。

3.尋找快樂

永遠不要將工作當作一種負擔，每一項工作都有它存在的價值。如果我們不喜歡這份工作，可以嘗試從工作中尋找快樂。如果你選擇敷衍，就意味著會更加厭惡這份工作，當你能夠盡力去完成一項工作而看到結果時，就會獲得很大的滿足感。但如果你選擇敷衍了事，或者抱著能少做儘量少做的態度，就無法感到這種滿足。

無論我們是否喜愛自己當下的工作，都要保持一種熱情，為自己增加底氣。就像《校對女孩河野悅了》中的一段臺詞：「在這個世界上，有的人實現了自己的夢想，有的人沒有實現，有引人注目的工作，也有很不起眼的工作，其中肯定有一些人夢想已經實現了，自己卻發現沒有想像中美好。但是，不管是怎樣的心情，不管是怎樣的工作，都應盡全力把眼前的工作做好，這樣就能把平凡的每一天都變成有意義的不可替代的一天。」

當你專注於努力，就沒時間虛榮

《一句頂一萬句》中說道：「世界上有一條大河特別波濤洶湧，淹死了許多人，叫聰明。」很多人都輸在了自以為是的心態和自我陶醉的努力中。但是，**真正努力的人都是緘默不語的**，一個人攀登得越高，越會感覺到自己的渺小，越是臨近塵埃的人，越容易自我膨脹。就像當代作家馮驥才所說：「**低調是為了生活在自己的世界裡，高調是為了生活在別人的世界裡。**」

當我們將精力集中在一件事情上時，就會變得專注，也不會拘泥於現實中毫無意義的攀比，更不會將時間浪費在炫耀上。其實，努力沒什麼值得炫耀的，倒不如專注於努力，一步步變成自己喜歡的樣子。

哈佛大學社會學教授馬修・戴斯蒙通過調查發現，導致貧窮延續的根本原因在於一種觀念：「越窮的人，越喜歡被動灌輸，大腦處於空白狀態，被外界的資訊所控制；與之相反，那些稍微富有的人，往往具備一定的主動性與思考能力，他們願意思索正確與否，願意反思自己，同時糾正錯誤行為。」

而這也就是為什麼擁有太多閒置時間的人更容易攀比，需要通過外界的認可和讚美來滿足自己的虛榮心。他們始終保持著一種被動接收的狀態，一旦外界停止輸入，他們就需要利用某種事物來填補內心的空虛。

村上春樹說：「**沒有專注力的人生，就彷彿睜著雙眼卻什麼也看不見。**」

而專注於努力，是為了拼盡全力完成自己的夢想，當我們享受努力的過程時，若我們可以專注於事情本身，自然就沒有時間去在意虛榮。

高調的炫耀不過是一種自導自演的鬧劇，努力從來都只是自己的事情，與他人無關。屠呦呦被列為「二十世紀最偉大的科學家」候選人之一，與居里夫人、愛因斯坦和圖靈並列。她在七十五歲高齡時因獲諾貝爾獎而被大家所熟知，成為家喻戶曉的科學家。在諸多媒體記者的採訪邀請下，她選擇了避而不見，就像她曾經的十三年一樣，將所有的精力集中在科研上。她曾公開表示：「得獎、出名都是過去的事，我們要好好『幹活』。」

我們該如何避免生活的空洞狀態，做到專注於努力呢？

1. 掌控好你的自信和欲望

自信和欲望是構成專注和努力的主要因素。當你缺乏自信時，在努力的過程中會懷疑自己，從而分散自己的注意力。而缺乏欲望，會令你喪失追求的動力。所以，我們要儘量發掘自身的需求，促使自己為了滿足自身需求而努力。

2. 一次只做一件事

當我們為了自己的追求而努力時，要懂得循序漸進，逐一實現自己的目標，當我們全身心投入一件事中時，就不會因思維轉移到其他的需求或想法上，而分散自己的注意力，消耗自己的精力。應當充分瞭解自身能力的極限，在每一次的計畫中明確需要完成的目標和程度，避免因盲目失去控制，浪費自己的專注。

3. 持續性專注

很多人會因執著於某種美好，而選擇避免破壞這種完美，導致努力狀態的切換困難以及對後續工作的拖延。針對這一情況，我們可以嘗試將已完成目標看作整體目標的一部分，即使當前目標已經是我們的最後目標。

一旦我們建立這種認知，就不會輕易放鬆警惕，而是會將這種專注努力的狀態持續下去。如此一來，當我們完成既定目標後，會自然而然投入下一個目標中，感受到自身積極行為的強化，而這種成就感會令我們保持對努力的專注性。

羅曼・羅蘭曾說：「生活中最沉重的負擔不是工作，而是無聊。」當我們擁有太多閒暇時光時，就容易感受到內心的空虛，所以，專注於努力，讓自己更好地著重於追求，才能告別虛榮，使內心變得富足。

擁有成長型思維模式

《莊子》中有一個「東施效顰」的故事，講述了一個女子刻意模仿西施，卻因模仿不好而出醜。莊子評價她說：「彼知顰美，而不知顰之所以美。」西施皺眉，捂住心口的模樣固然美麗，但東施不假思索，刻意在人前蹙眉捧心，並不是為了讓自己變得更美，而是想要證明自己很美。在心理學上，這就被稱為固定性思維。

而這種思維也導致了現實中人們盲目攀比、追求虛榮的現象。就像購買一些品牌溢價嚴重且遠超自身購買力的商品；寧願分期付款，也要買一輛價值幾百萬的豪車；寧願吃幾個月泡麵也要買一件奢侈品等。

在固定性思維模式中，我們會將一切看作是固定的，無法隨著個人的改變而改變，就像一個人的成功是因為他足夠優秀，失敗是因為他不具備相應的能力。而在成長型思維模式中，我們會將一切看作是未知的，需要不斷提升自己的才能發掘自身潛力，就像一個人成功時，需要向更高的目標邁進，而失敗時，需要完善和提升自己的能力。

兩種思維模式的區別，主要表現在以下幾方面：

1.自身能力與努力

固定性思維趨向於自我設限，將一個人的能力和智力等因素作為天分，無論是否努力都無法改變其結果。這也就導致了擁有固定性思維的人將努力看作自身能力不足的表現，為了維護自身形象而拒絕努力。一旦他們無法客觀評價自己，就很容易在自身能力不足的情況下看輕自己，在遭遇困難時，總是說：「我還是放棄吧，我這輩子就這樣了。」

而擁有成長型思維的人，對自己持有開放性的態度，認為智力和能力都是可以通過努力、刻意練習而提高的，這種思維方式更利於開發自身潛能。

2.成功與失敗

對於成功和失敗，固定化思維看重結果，而成長型思維看重過程，也就是說，擁有成長型思維的人在意不斷學習和進步的過程，而擁有固定化思維的人更在意他人如何看待自己，這也就是為什麼固定化思維的人更容易產生虛榮心理。

他們在獲得成功時，會盡力炫耀自己的能力和成就，因為這是他們能力要強於其他人的證明。然而，當他們遭遇失敗時，就很可能形成永久性的創傷。在他們眼中，失敗並不是一種經歷，而是一種身分認證：「我失敗了，我就是一個失敗者」。他們不會嘗試提升自己的能力，而只是一味挽救自尊，比如，不斷和比自己差的人比較，來獲得優越感，逃避真正的問題。

擁有成長型思維的人，一般會將目光放在重點，將所有的精力投入能力提升上，並不會在意前進路上的一些成功。在面對失敗時，他們並不會用失敗定義自己，反而會客觀地分析失敗，找出解決問題的辦法，重新獲得掌控權。

其實，固定化思維並不是不可改變的，我們可以通過學習和改變，嘗試將自己轉變為一個成長型思維者，避免在日常生活中變得虛榮。

1. 接納自己的不足

存在即合理，每個人都會存在一些缺點和不足。但無論是由先天因素導致，還是由後天因素影響，對於這些客觀存在的缺點和不足，我們都要嘗試以一種接納的心態來面對這些合理。比如，我們知道自己有拖延症，容易將某些事情拖延到最後一刻，我們就可以嘗試從簡單的執行目標開始，為自己制訂合理的計畫，安排合理的時間去完成任務。

2. 視挑戰為機遇

很多人因懼怕失敗而長期停留在舒適區中，但事實上，逃避困難和挑戰就意味著失去了一個提高和成長的機會。不斷迎接挑戰，在失敗中汲取經驗是一個人自身發展的重要步驟，當我們將挑戰看作提高自身能力的機遇時，就更容易在不斷犯錯中對自己有一個客觀的認識。

3. 注重努力而非認可

我們需要聽取他人的評價來更全面地認識自己，但不必過於在意他人的認可。一個人是否存在價值，並不由他人的評價所決定，就像艾莉諾・羅斯福所說：「未經你的同意，沒有人能使你感覺卑微。」

當我們總是將注意力放在是否會被他人認可時，就會忽略學習新事物的重要性，從而放棄成長的潛力。所以，我們不必在意他人如何看待自己，努力提升自己才是正道。

1. 注重過程而非結果

無論做什麼事，我們都要注重過程而非結果，因為任何成長都需要一個過程，過程是從一件事中獲得感悟與提高的基石。如果我們只是著眼於結果，很容易將成功與努力的因果關係混淆，變得急功近利。想要擁有成長型思維，我們需要懂得享受學習的過程，將學習的成功最大化。

思維方式是一個人看待自己和周圍事物的方式，體現一種人生態度。成長型思維會幫助我們培養面對挫折的適應能力，不斷促使我們進步，遠離虛榮心理。

發現小確幸，提升幸福感知力

某個電視節目曾以「幸福是什麼？」為題，對不同地區、年齡、行業的人進行採訪，得到了很多出人意料的結果，大多數人都表現出對幸福的迷茫。中國首位獲得諾貝爾文學獎的作家莫言回答說：「我不知道，我現在壓力很大，憂慮重重，能幸福嗎？但我要說不幸福，那也太裝了吧。剛獲得諾貝爾獎能說不幸福嗎？」

莫言的回應表達了很多人在談論「幸福」時的感受。有人感慨，以前吃不起、穿不起，過年會因為幾個鞭炮、幾粒糖開心得不得了。現在吃得好、穿得好，有昂貴的玩具、有花樣繁多的美食、有最新款的衣服，卻覺得過年好沒意思。

我們從艱苦中一步步走來，明明衣食無憂，位尊名赫，家庭圓滿，比以前不知好了多少倍，本應該歡呼雀躍，卻常常愁眉不展。這是因為我們感知幸福的能力在減弱，不停地喪失著對快樂的感知力。

哈佛大學有一個公開選修課是最受美國人歡迎的——《幸福課堂》，裡面有句話十分經典：和幸福對立的不是不幸，而是感知幸福能力的喪失。

一直以來，我們把幸福的標準定得太高了：事業上取得令人矚目的成績，住上寬敞的大房子，買到一輛稱心的車，或者半年內加薪，一年內升職，如此等等。我們的視線一直在所謂宏大的事情上搜索，卻發現很多所謂的幸福可望而不可即。有的人還覺得，生活中的那些小滿足根本不能列入幸福的範疇。其實是他們的心被巨大的欲望蒙蔽，喪失了感知幸福的能力。

人與人之間的對比和競爭，能夠促進社會的發展，也會使人們的欲望變得膨脹，越來越不知足。我們逐漸變得無法正確認識自己，不滿足自己所擁有的一切，內心變得空虛、空洞。為了填滿內心的空洞，我們開始不斷尋找能夠滿足自己需求的事物。

我們不厭其煩地用銀行中的存款、公司中的領導頭銜、外貌出眾的伴侶……來填補內心的空洞，但我們卻離真正的幸福越來越遠。當一個人的內心被這些外在物質填滿的時候，他反而會被這些物質所奴役，變得為了金錢、地位、權力等帶來的虛榮而不擇手段。在不斷追逐的過程中，我們反而會忘卻了自己，隨著內心的空洞越來越大，那種不滿足的感覺會始終伴隨著我們，我們細數自己所擁有的一切，卻會發現自己擁有這麼多但仍感覺不到幸福。

幸福並不是一個人的虛榮心得到滿足，也不是通過外界的評價確認自我價值，而是緊緊把握自己的人生，珍惜自己所擁有的，追求自己所期望的的一種心理狀態。

「小確幸」就是微小而確實的幸福。多去找尋屬於自己的「小確幸」，找到後再去放大這些「小確幸」，你的幸福感知力自然會獲得提升。

1. 理解生活

什麼是幸福？有人說幸福就是我餓了，而別人手裡拿著肉包子，那他就比我幸福；我冷了，而別人穿著一件厚棉襖，他也比我幸福。人生的每個階段對幸福的理解都不同，小時候，擁有一件東西就是幸福；長大後，完成一個目標就是幸福；而成熟後，幸福變成了一種心態，理解和感受生活才是幸福。有時候，**幸福並不取決於你擁有多少東西，而在於你對這些東西的理解。只有能夠**

隨心所欲地體驗自己的精神和物質生活，才能感受到幸福。

2.專注自己

個人的欲望是無止境的，如果我們一直將注意力放在他人擁有，而自己沒有的事物上，就很容易感到痛苦和空虛。如果我們能夠注意到自己所擁有的一切，就很容易感受到幸福。

3.發現生活中的「小確幸」

我們要擁有一顆感恩的心，感恩清新的空氣，感恩出現在自己生命中的所有人。當你用一顆感恩的心去對待生活，你會發現生活中每天都會有很多「小確幸」。同時，分享這些「小確幸」也能夠吸引更多的幸福來到你的身邊。

另外，我們還可以嘗試增加生活中的儀式感，比如養成早起的習慣，為家人做早餐或者在家吃一頓豐盛的早餐；每周約家人一起看一場電影；每周進行適當的運動；每個月號召一次全家的旅遊，等等。通過發現這些生活中的「小確幸」，來感受生活中不經意間的幸福。

在忙碌的生活中，我們總是忽略、錯過身邊的某些美好，當我們認真感受生活中的美好時，就能發現這是一種享受，也是一種幸福的能力，能夠幫助我們走過最難熬的時光。找到「小確幸」，小日子裡就有了大幸福。

關注自己的內心，抵抗全世界的浮躁

隨著互聯網的普及，各種科技產品成為我們生活中不可或缺的一部分。我們整天面對著手機和電腦，卻又不知道自己想要做什麼。我們中大多數人都只是「三分鐘熱度」，想要學英語、學軟體，就會在手機上下載相應的手機APP。

然而，即使下載完成，也幾乎沒有人去使用，因為在流覽這些生僻的詞彙、複雜的程式時，很多人會感覺很累，就不願專注在這件事情上。

我們總是一方面覺得自己不夠優秀，渴望做出改變；另一方面又認為改變自己實在是一件困難的事，還是保持原狀比較愜意。害怕錯過了某些人、某些事，擔心浪費了時間，我們在這種擔憂之下，始終無法將注意力真正投入一件事情中去。當晚上躺在床上的那一刻，我們就會發現原來今天又什麼都沒有做。

在這個浮躁的世界，我們也變得越來越浮躁了，浮躁到無法靜下心來看完一本書，讀完一份報紙。愛情也隨之變得成為速食，「閃婚」「閃離」等也變成了司空見慣的現象。

當今的社會也變成了一鍋沸騰的開水：在上班的尖峰路段上，因車流擁擠出現輕微刮碰，兩位車主破口大罵；人頭攢動的公車和捷運因擁擠發生踩踏，事故雙方大打出手；高級的寫字樓中，領導因家庭瑣事煩躁，以訓斥下屬來宣洩情緒；每天早出晚歸的員工日復一日進行著枯燥的工作，毫無希望……

相比過去，我們的生活變得越來越方便，衣食住行幾乎都不再需要自己動手。我們有了大量的時間，可以去做更多的事，可為何卻難以靜下心來呢？

1. 快節奏的生活

高科技產品的問世使人們的生活變得更加便捷，同時也加快了生活的節奏。人們並不滿足於以往促膝長談等深入的交流方式，轉而開始追求速度和效率。而在這種過程中，人們逐漸丟失了耐心和等待，甚至為了追求「快」而不惜投機取巧。當人與人之間的面對面溝通減少，就容易在相處中趨向於自我，從而導致在交往過程中出現衝突。

2. 工作的競爭與壓力

《天演論》中強調：「物競天擇，適者生存。」競爭促使人進步，也會讓人面臨淘汰的恐懼和壓力。這也就意味著人們為了更好地生存，需要靠自己的雙手去爭取獲得利益，不能坐以待斃、坐享其成。在這種不斷努力、不斷焦慮的生活狀態中，人們逐漸開始變得浮躁。所以，一個人的冷漠與激進在很大程度上受到了浮躁心理的影響。

3. 速食文化

人們過於追求效率，就催生了所謂的速食文化，各種理財投資的「乾貨」、精心包裝的暢銷書籍、各種排行榜等。很多文章為了獲取點擊量，頻繁使用博人眼球的標題，脫離現實的離奇情節。誇張的文字表達，將人們拉進一個閱讀的怪圈——「只聞其聲，不解其意」。人們在速食文化的薰陶下，逐漸喪失了對生活的敏感度。

如果我們只是一味盲目地追求某些東西，只考慮成功的效率，那麼即使得到這些東西，它們也未必會是我們所期待的樣子。在不斷追求的過程中，我們會在浮躁中迷失自己。所以，我們要將注意力重新轉移到自己身上，找回曾經面對生活的最初動力，細細感受追求過程中的充實感和滿足感。

當我們被世界的浮躁侵蝕時，我們該如何靜下心來呢？

1.認真做一件簡單的事情

我們的內心之所以浮躁，是因為我們迫切希望完成某一目標，但因為某些原因而一籌莫展，甚至因為目標難度較低而選擇敷衍了事。我們可以嘗試做一件生活中的小事，儘量放慢自己的節奏。比如耐心煲一鍋湯。從挑選食材開始，清洗，切好，把它們一層一層整齊地碼放在鍋裡，注意火候的變化。在煲湯的時候，我們也可以準備好餐具，讓平凡的生活充滿情調，當我們發現生活中點滴的美好時，內心就會逐漸平靜下來。

2.冥想

我們也可以嘗試冥想，放空自己的大腦，什麼都不要想，仔細感受自己的呼吸，忘記身邊的所有事情，體會每一次呼吸，胸腔的起伏，氣流的變化。將自己的關注點從外界拉回到自己身上，告訴自己沒有那麼多痛苦與壓力，你可以掌握自己，可以擁有美好的人生。

3. 坦然面對自己的內心

《當下的力量》中有這樣一個情景：當你需要做一件事情時，你卻在一個地方休息。此時，你擁有兩種選擇：一種是放棄休息，馬上去完成這件事；另一種是放任自己休息，而且要投入休息之中。

這兩種選擇無論哪一種，都會令我們的內心趨於平靜。而一個人之所以焦躁，就是因為一邊休息著，一邊不斷叮囑自己需要做的事情。這是一種自己對自己的抵抗，不僅會分散你的注意力，還會令你感到煩躁和不安。

不管外面的世界如何躁動不安，我們都要保持一顆淡然的心，用內心的淡然審視浮躁，隨時調整自己的心態，在不斷沉澱中找到屬於自己的寧靜。

設定目標，賦予人生意義

一個神情憂鬱的女孩走進了諮詢室，她向醫生傾訴說，自己感受不到生活的意義，不知道自己每天做的事情有什麼意義。當醫生詢問她擁有哪些興趣愛好時，她回答說：「我是一個無趣的人，平時沒有什麼興趣愛好。」

這種空洞感已然成為大多數人生活的常態，當一個人整天忙於生計時，根本沒有時間思考「這件事存在什麼意義」，填飽肚子才是當務之急，一旦他們停下來，就會感覺到心裡空蕩蕩的，這就是因為內心喪失了目標。**心存目標，終日忙忙碌碌的人也會感到充實，沒有目標，瀟灑快活的人也無法覺察生活的意義。**

心理學教授法蘭克七十歲時，依然精神矍鑠。他在接受採訪時，講述了自己在戰俘營中的經歷，在第二次世界大戰期間，他被關押在遠東地區的集中營內。那裡環境惡劣，沒有充足的食物和乾淨衛生的水，大多數囚犯都患上了痢疾、瘧疾等疾病，飽受生理和心理上的折磨。對他們來說，死可能是一種解脫。

法蘭克心如死灰，打算一死了之，但他在放風的時候，遇到了一位老人，老人問道：「你從這裡出去之後，第一件想做的事情是什麼？」這是他從未想過的問題，但他已經有了答案：「我要再看看我的太太和孩子們。」他擁有了活下去的理由，而正是這個理由讓他堅持到了戰爭結束。

當一個人無法體會某些事情的意義時，內心就會感到空虛。所謂意義，是指一個人安全感、成就感、存在感的集合，也可以理解為一個人從與他人和世界之間的聯繫中獲取的心理安慰。當他們失去這種聯繫，就無法感受到人生的意義，內心就會變得空虛。

這種狀態無關貧富，即使一個人的物質生活再富有，也無法消除內心饑餓空虛的狀態。然而，很多人依然想要通過可見的物質財富來填補內心空洞，但這些行為不過是短暫分散了我們的注意力而已，當這一切結束時，安靜下來的心反而會更加真切地感受到空虛。

為什麼很多人感受不到生活的意義？心理醫生畢淑敏這樣作答：「人生本

沒有任何意義，但為了積極的生活要去賦予其意義。」而一個目標往往就能夠實現這一點，有了目標，我們就能將注意力集中在追求喜悅上，而不是在逃避痛苦上。

當我們無法感受人生的意義，就意味著心靈正在訴說它的饑渴，它需要物質以外，真正能夠填滿靈魂的東西。所以，我們要自己去賦予人生的意義。我們可以從以下幾點入手。

1. 設定目標

空虛的狀態是我們生活中的一部分，就像很多人早上醒來發現，自己所做的一切都沒有什麼實質性的意義。這是因為我們所接受的這一切，往往順應了規則和他人的意願，並不是我們的內心追求。所以，為自己設立一個目標會讓我們重新掌握自己的生活，無論我們遭遇什麼樣的困難，都無法打消我們對美好的嚮往。

就像一個懷孕的女人，她知道自己最終會生下一個孩子，在這種情況下，她雖然忍受痛苦的煎熬，卻會期待這種痛苦的到來，因為她知道陣痛越頻繁就意味著孩子即將降生。疼痛背後的具體目標，使這種難以忍受的疼痛變得更有意義了。

埃克蘇佩的著作《小王子》，其實是寫給成年人的童話，目的是喚醒人們內心的自我察覺。所以，當我們感到空虛時，要學會自我審視，為自己樹立一個合理的目標。

2.活在當下

「活在當下」是指一種專注、灑脫的生活狀態。當我們感到空虛時，不必著急尋找自身的價值，糾正自己的行為，我們要嘗試接受這種感覺，然後做一些雖然沒有實際價值，卻會令自己感到開心的事，逐漸調整好心態，使內心平靜下來，才能讓我們更有效地做出選擇。

女孩頭頂著一罐牛奶到集市上販賣，一邊走一邊想：這罐牛奶可以買幾隻小雞，小雞長大後又可以孵出多少隻小雞，自己能夠賺多少錢，可以為自己買一條好看的裙子……然而，在不斷胡思亂想中，她不小心摔了一跤，將牛奶罐子摔破了。

另外，我們要注意，活在當下並不意味著今朝有酒今朝醉，應該徹底放縱自己的欲望，而是要求我們對自己的現狀負責，相信每一個現在都影響著未來。只有負責地活在每一個當下，才能感受到人生的意義。

張愛玲曾說：「出名要趁早。」然而，她卻因年少成名早早失去了人生的目標，流落異國他鄉，飽受顛沛流離之苦。同樣年少成名的韓寒也經歷過內心空虛的階段，他表示：「我當時迷茫得就像在能見度只有一米的高速上開車，後來我就使勁挖掘自己的熱愛，做自己熱愛的事。」所以，在我們眼中的韓寒，是那個頂著作家、賽車手、導演等多個頭銜的韓寒。

第八章　建立內在自我價值感，走出虛榮困境

你永遠不能讓所有人都滿意

莎士比亞說：「一千個人眼中就有一千個哈姆雷特。」有人認為：「哈姆雷特出身高貴，舉止優雅，接受過人文主義的教育，是一位翩翩公子。突如其來的變故將他變得憂鬱，母親的背叛令他痛苦，復仇的艱難令他焦慮，但最終他還是戰勝了自己的弱點，懲治了惡人。」還有人說：「哈姆雷特是勇敢的，但他過於敏感而猶豫不決，將所有的精力都花費在做決定上，反而失去了行動

的力量。他一直未能主動履行復仇的使命，而是在命運的幫助下完成使命。」

無論褒貶都無法否認莎士比亞筆下這個形象的經典。每個人對待任何事物都有自己的看法，我們不是美金或黃金，永遠不能讓所有人都滿意。

任由他人支配自己行為的現象並非只存在於故事中，現實中的很多人都希望滿足所有人的要求。但實際上不同的人站在不同的角度，就會產生不同的看法。即使你再優秀，也會有人認為你不夠好；即使你再客氣，也會有人說你不懂禮貌；即使你再大方，也會有人認為你自私、小氣……所以，無論我們怎樣做，都無法做到令所有人滿意。

試圖令所有人滿意的行為就是為了獲得歸屬感，是一種人們渴望證明自己存在價值和意義的心理需求。根據心理學家馬斯洛的需求層次理論中的分析，歸屬感是人們在滿足生理需求和安全需求後的首選，也就導致在我們的核心信念中，會出現「我是否受歡迎」的疑問，從而出現對外界和他人評價的依賴。

其實，我們只需要從身邊親近的人身上獲取歸屬感即可。那為什麼很多人總是期望自己令所有人都滿意呢？

一個過度的需求背後一定存在著過度的欠缺。當一個人在成長的過程中缺乏足夠的歸屬感時，就很容易期望從他人身上得到彌補，長此以往，人們就會不自覺地從他人身上索取這種歸屬感。這也就是為什麼有些人總是希望得到所有人的認可。

我們在一生中會接觸到形形色色的人，如果我們因顧忌他人的感受而委屈自己，為了滿足他人的期待而嚴格要求自己，盡可能維持自己所謂的完美形象，只會無端增加內心的焦慮、壓力和痛苦。因為，「完美」從一開始就只是存在於人們大腦中的臆想，要求自己現實中做到完美，無異於癡人說夢。

無論任何一種關係，如果只是單方面地取悅對方，都只會使人遺忘真實的自我，迷失在他人的世界裡。所以，我們要為自己的期待而活，取悅別人不如取悅自己。

1. 堅持自己的標準

每個人都有自己獨特的口味，同一道菜你認為好吃，也會有人認為難吃。因為每個人的利益角度、思維方式都不同，自然而然存在一定差異。既然每個人都有自己的標準，你只需堅持自己的就好。堅持自己不是任性，也不是孤芳自賞，而是能夠對自己的行為負責，能與周圍的人和諧相處。

2. 不過度揣測別人的心思

在人際交往過程中，我們經常會揣摩對方的心思，幫助我們更好地瞭解對方。適當的猜測對我們的思考有一定的促進作用，但過度的猜測很容易令我們陷入主觀臆想，導致判斷失誤。比如當一個人在與我們溝通時，出現避免眼神交集，手中不停地做其他事情等敷衍行為。這並不一定表示對方不喜歡我們，也可能是因為此時對方比較忙或者對此次談話不感興趣。所以，大可不必杯弓蛇影，將他人的所有行為，看作獲取他人滿意的信號。

3. 不輕易否定自己

不能因為工作中的失誤，或者是生活中沒有處理好某件事情，或者是沒有處理好各種人際關係，受到別人的批評就否定自己。人無完人，每個人都會有自己的長處和短處，能夠揚長避短是最好的，如不能也不可以氣餒否定自己。

4. 有些議論不必理會

總有無聊的人喜歡聊別人的是非，議論別人的生活。其實這些都可以不必理會，一幫無所事事、不求上進的人的信口胡謅，有什麼值得在意的價值？更沒什麼值得生氣和當真的必要。

想要令所有人都滿意是一件不可能的事，而且一個人的價值也並不體現在他人的評價上，只要盡心盡力做好自己即可。至於他人存在怎樣的看法與期許，都不必太過在意。

悅納自己，哪怕「我」不夠好

托爾斯泰在《童年‧少年‧青年》三部曲中寫道：「我常常不知不覺陷入絕望，感到這個世界是不會給這樣一個醜陋的人以幸福的：鼻子這麼寬，嘴唇這麼厚，眼睛小小的，還是灰顏色。還有什麼比一個人的外貌更能影響他的前程的？沒有什麼比一個人的外表更能決定一個人是可愛還是可厭的了。」

托爾斯泰所表現的人們心理上對美的天然苛求，也促使了如今整容潮流的形成。然而，這種存在一定風險的手術所導致的駭人聽聞的事件也是層出不窮，如因整容意外導致終身殘疾，因整容失敗導致口眼歪斜，甚至導致消費者自殺等。

對很多人來說，承認和接受自身的缺點和不足是一件極其困難的事，他們寧願背負風險也不願正視自身的問題，長此以往，這種觀念很可能導致心理問題或人格障礙。

一個人之所以無法接納自我，是因為在成長過程中通過外界的不斷引導，將他人的感受與評價作為評判自我價值的依據，從而導致迷失真正的自我。比如孩子在與母親的互動過程中，經常遭受母親的批評，或者在處理矛盾時，老師經常將錯誤歸咎在他身上。對孩子而言，父母和老師擁有不可反抗的權威，他們逐漸將這些外界資訊內化，不斷挑剔自己，無法接納自己。隨著時間的推移，雖然對母親與老師的印象逐漸退出了他們的生活，但這種童年時期的權威形象卻一直深藏在他們的潛意識中，只要受到相應的外界刺激，就會出現否定、指責自身的行為。尤其是自身存在某種缺陷和不足時，這種否定會變得更加強烈。

其實，每個人都因缺陷而不同。人們被賦予了不一樣的條件，但每個人都擁有著無法替代的價值。我們不敢接納自身的缺點，是因為我們不夠自信，沒有正視它們的勇氣，但是，一個人只有悅納自己，才能將最好的一面呈現出來。

美國動物學家坦普・葛蘭汀從小患有自閉症，她知道自己與別人存在某些差距，但這並不意味著自己比別人差。當她擁有自己的公司，在全世界範圍內開展關於自閉症的演講時，有人向她請教說：「你是如何治癒自閉症的？」她自信地回答說：「我沒有治癒，我一直都有自閉症。」與正常人相比，坦普依然存在缺陷，但她勇敢地接納了自己的缺陷，最終成為最好的自己。

心理學家卡爾・羅傑斯在經歷大量心理諮詢案例後，得出了一個結論：「接受你現在的樣子，不會讓你止步不前，而會讓你更有力量去改變。你越不能自我接納，就越沒有動力改變。反過來，你越無法改變，就越不能自我接納。這是一個閉環。」

我們看到的那些所謂頹廢、自卑，沒有動力去實現人生價值的人，無非就是沒能接納自己而已。所以，想要成為最好的自己，我們需要學會悅納自己。

1.不要過分關注自身缺陷

當我們忽視自身的缺點和不足時，他人也不會注意到。如果我們總是將關注的焦點集中在自身缺點上，他人也會意識到這一點。如此一來，我們的缺點就徹底暴露在大庭廣眾之下，覆蓋掉自身優點，導致獲得他人肯定的難度提升。最重要的是，如果我們一味著眼於自身缺點，會逐漸喪失自信，對自己的能力產生懷疑。

2.接受自己的失敗

古人云：「勝敗乃兵家常事。」每個人都有失敗的時候，我們不能因一次甚至多次的失敗就完全否定自己。所以，我們沒有理由因為自身存在某種缺陷或遭遇某些失敗就不能正視自己，無法接納自己。

3.不要自欺欺人

我們要認清並接納自身能力，不要因能力不足而變得自暴自棄。就像有些人不滿足於自身的經濟能力，而用攀比來滿足自己的虛榮心，以至於為自己帶來更大的痛苦。有的人在面對困境時，不思進取，反而在各種場所尋歡作樂，盲目取悅自己。然而，這種自欺欺人的「快樂」終究會招致更大的痛苦。

4. 審視自己

想要接納自己，我們需要認識到自己的優點與不足，不僅需要看到自己的成績，還要看到自己的失敗。比如在一個安靜的地方，認真回想自己的優缺點，並記錄下來。我們就會發現，因為平時的不在意，原本如此「不堪」的自己居然擁有這麼多優點，自己是這麼優秀。

與其將評判自己的標準交給別人，不如將目光看向自己，發掘自身的優點，嘗試著接納自己。悅納自我比取悅他人更有力量，只要接納自己的缺陷、接納自己的不完美，我們就會發現生活的美好和人生的價值。

培養主見，在原則問題上不要妥協

在電影《剩者為王》中，主角的父親的獨白感動了大批觀眾：「她不應該為父母結婚，她不應該到外面聽到了什麼風言風語，聽多了就想結婚。她應該想著跟自己喜歡的人白頭偕老地結婚，昂首挺胸的，特別硬氣的，憧憬的，好像贏了一樣。有一天帶著男方出現在我面前，指著他跟我說：『爸，我找到了，就這個人，我非他不嫁。』……」

很多年輕人在父母的催促和外界的壓力下選擇匆匆結婚，曾經追求的幸福也逐漸被雞毛蒜皮的小事所代替，而這就是一種沒有主見的表現。他們沒有自己的想法，對他們來說，做選擇是一件十分可怕的事情，他們沒有能力抉擇，幾乎大事小事都需要向一個可靠的人求助，甚至詢問很多人的意見，在不同的答案面前猶豫不定，不知道該捨棄哪一個。這在本質上是一種逃避，不想承擔後果的行為。

沒有主見的人總是後悔，無論他們的選擇是好是壞，都是在缺乏思考的情況下做出的，甚至是由他人代替做出的選擇。他們沒有預想過結果，當意料之外的事情發生之後，開始抱怨自己為什麼會這樣做。總之，後悔是他們的常態。

家庭因素是造成一個人沒有主見的重要原因。在一個父母強勢的家庭中成長的孩子大機率會變得膽小懦弱，沒有主見。

以下是父母在家庭中過於強勢的一些表現：

1. 過於呵護

出於對孩子的愛護，擔心孩子受委屈，一味包辦、代替或過多干涉孩子的事情，剝奪孩子做主的權利和空間。長此以往，孩子缺乏獨立做事的經驗，一旦需要獨自做決定時，難免會出現不知所措、逃避、渴望得到幫助的情況。

2. 期望過高

希望孩子擁有一個光明的未來，本是一件無可厚非的事，但父母對孩子的期望過高，總是不滿意孩子的表現，往往會讓孩子產生挫敗感，以至於失去自信。孩子擔心因無法滿足父母要求而受到批評，又不知道如何挽救，因此在面對事情時，會變得優柔寡斷。

長期被剝奪選擇的權利，會使我們喪失判斷力，不知道內心真正想要的是什麼，什麼才是適合自己的。變得缺乏原則和主見，總是以他人的價值標準作為衡量自己的尺度。

那麼我們該如何讓自己成為有主見的人呢？

1.樹立自信

缺乏主見的人一般總是將某些事情的決策權交給別人，這是一種不自信的表現。自信往往不是追求來的，而是通過某些事情得到自己或他人認可後的一種感受，所以，我們可以在做成一件事之後鼓勵自己，逐漸提升自己的信心。當我們的自信達到一定程度，就不需要依靠他人幫助自己決策，而是主動尋求解決辦法，主動承擔責任。

2.堅持原則

每個人都有自己做事的原則，即使因自己的想法與他人不相容導致發生爭執，也要堅持自己的原則，不為利益或人情所動。如果我們的堅持是錯誤的，應接受對方的建議並做出適當的改變，但如果我們的堅持是正確的，就不能隨意拋棄自己的原則，不然別人會肆意觸碰我們的底線。就像作為一名學生，就需要努力學習，不能為了獲得優秀的成績而作弊；作為一名員工，不能隨便利用工作便利而徇私舞弊，更不能為了滿足個人欲望變得毫無底線。

電視劇《安家》中，徐文昌為了獲得買房資格與妻子辦理了假離婚，卻加速了妻子出軌。東窗事發後，妻子苦苦哀求他原諒，即使兩人結婚多年，有著十分深厚的感情，他依然選擇堅持自己的愛情觀，拒絕了妻子。

3. 分析能力

我們可以嘗試鍛煉自己的分析能力，通過閱讀書籍，激發自己的思維細胞，開拓自己的想像力，通過擴大自己的社交圈，和各種各樣的人交流，避免使自己的思維固化。一個善於思考的人往往能夠做出最正確的決定，而沒有想法的人，才會依賴他人。就像叔本華所說：「從根本上說，只有我們獨立自主地思索，才真正具有真理和牛命。因為，唯有它們才是我們反覆領悟的東西。他人的思想就像夾別人食桌上的殘羹，就像陌生客人脫下的舊衣衫。」

莎士比亞在《哈姆雷特》中寫道：「重重的顧慮使我們全變成懦夫，決心的熾熱光彩，被審慎的思維蓋上了一層灰色。偉大的事情在這種考慮下，也會逆流而退，失去了行動的意義。」所以，我們要明白，一直站在河邊不動的人，永遠也無法到達彼岸。

就算被別人否定，也要有自我肯定的能力

小澤征爾是世界上著名的交響樂指揮家。在一次指揮家比賽上，他按照大賽的樂譜指揮演奏，卻發現了不和諧的聲音。他最開始認為樂隊的演奏出了問題，要求重新演奏，依然存在同樣的問題。他懷疑樂譜中存在錯誤，但在場的作曲家、評委等一眾權威人士表示，樂譜一定沒有問題，是他的指揮出了差錯。小澤征爾斬釘截鐵地說：「不！一定是樂譜錯了。」話音剛落，評委席上的評委們紛紛站起來，報以熱烈的掌聲。

評委們精心設計了這次事故，來測試指揮家在遭到權威人士的否定時，是否能夠堅持肯定自己。

有些人履歷十分優秀，卻仍然缺乏自信，自認為能力不夠好，無法將事情做好。他們擁有著常人所不能及的名校背景、扎實的專業基礎，卻不敢向大公

司投簡歷，即使最後拿到了簽約，也將其歸結為運氣。他們缺乏自我肯定，任由外界的不利評價影響著自我認知，抗拒接納自己，導致了自卑的產生。

一個人缺乏自我肯定並非是一朝一夕形成的，而是在長期的外界否定的影響下，產生了錯誤的自我認知。有時，當我們試圖通過一件作品來獲得父母的肯定和讚美時，得到的卻是嫌棄與責備；當我們拼盡全力仍無法完成任務，渴望得到理解和寬容時，得到的卻是無數的打壓和指責……在這個過程中，我們開始懷疑自己的能力，變得無法接納自己。

很多人認為自己缺乏自信，是源自他人對自己的評價，但實際上，我們的內心對自己已經存在了一個定位，只不過是通過別人的觀點呈現給自己的而已。比如一個因外貌醜陋遭受他人嘲笑的人，內心十分自卑，並不是他人的嘲笑使他感到自卑，而是他的潛意識就認為自己十分醜陋。假設換作一個內心強大的人，無論外界做出什麼樣的評價，都無法動搖他對自己的認可與肯定，因為他從心裡就認為自己是漂亮的。

在心理學上，自己對自己的認識被稱為「自我」，他人對自己的認識被稱為「他我」。很多人會放棄「自我」，通過「他我」來肯定自己的價值，但他人的肯定不過是在自我肯定的前提下，尋求依據以及心理支持罷了，最終還要回歸到「自我」。反之，也就意味著他人的否定和不認可會導致我們無法接納自己。所以，「自我」的重要性要遠遠高於「他我」。

短片《倖存者》導演漢娜・格蕾絲說道：「你感到一無是處，那是因為你在這樣暗示自己。你越關注那些把你說成一文不值的錯誤觀點，越會相信這就是事實。而你一旦開始肯定自己的重要性，周圍的人也會開始支持你……你的價值掌握在自己手中。」那我們該如何培養自己自我肯定的能力呢？

1. 懂得拒絕

我們應該堅定在互相尊重的前提下，與他人進行溝通，並用合適的態度來表明自己的立場。當我們面對違背自己意願或無能為力的請求時，應該坦率地拒絕。如果你實在無法拒絕對方，可以在完成之後告訴對方，這是最後一次。千萬不要為了獲得他人的好感，而盲目迎合他人，喪失自己的立場，學會獲得主導權，感受自己的價值。

2. 懂得請求

當我們遭遇力所不逮的情況時，要懂得向他人發出請求，不可咬牙硬撐，最後將失敗的原因歸結為自身能力不足。向他人發出請求要基於平等的立場，表達自己的希望並避免侵害他人的利益。我們不必擔心對方因此輕視自己，誠懇地請求別人的幫助並不會降低自己在他人心中的形象，反而會增加彼此之間的聯繫。在他人伸出援手之後，我們要切記不能忘了感謝對方，無論在物質上還是精神上，都能夠消除我們虧欠他人的感覺。

我們在提出請求時，應給出清晰合理的理由，避免暗示、命令等行為，留給對方適當的考慮和提出疑問的時間，並尊重對方拒絕的權利。

3. 在差距面前保持平常心

大多數人在與地位低於自己或與自己地位相當的人相處時，很容易做到不卑不亢，坦然自如。但是，當他們與地位比自己高或者能力比自己強的人相處時，會因彼此之間的差距而心理失衡，甚至妄自菲薄。我們需要將對自身的期望放低一點，並客觀地看待彼此的優勢與不足，在差距面前保持一顆平常心。

穆罕默德·阿里一次又一次地對自己說：「我是最偉大的！」並最終成為了一代拳王。我們不必因他人的否定就對自己產生懷疑，不是每個人的話都需要在意，也不需要達到所有人的期望，我們只需要相信自己、肯定自己就足夠了。自我肯定能夠幫助我們成為最好的自己，實現自己的人生理想。

通過積極的自我暗示擺脫自卑

內心充滿自卑的人一般存在兩種表現：一種是自暴自棄，喜歡用自己的缺陷來和他人的優勢做比較，認為自己處處不如人，怎麼努力都沒有用，長期生活在別人的陰影之下；另一種是因自卑導致自尊心極強，對身邊的人或事過於敏感，看重他人對自己的評價。內心的不自信導致他們不相信自己擁有達到自身期望的能力，就開始渴望通過某種快捷的方式達到自己的目的，他們所表現出的虛榮要遠高於常人。

一個人越是在工作和生活中感受不到自己的價值時，就越執著於無足輕重的「底線」，處處顯露自己強大的自尊心。這種自我陶醉般的自尊，不過是一種建立在不安全感之上的脆弱的自我吹捧罷了。

電影《老炮兒》中，張曉波因畫花了別人的跑車而被扣押，父親張學軍為了贖回兒子，不得不向曾經的好哥們借錢。張學軍來到洋火兒家中，閉口不談借錢的事，只是表示自己順路來看看他。洋火兒見他面露難色，知道他一定是遇到了麻煩卻不好意思向自己開口，於是，順水推舟拿出兩萬元讓他給張曉波買點兒東西。見到洋火兒的施捨，張學軍仍然固執地強調面子問題，破口大罵。

如今，一些剛畢業的大學生總是期望過上「白領」的生活，寧可在家待業也不願去從事「藍領」職業，認為不符合自己的身分。其實，過於要強和敏感的自尊，本質上就是一種自卑。

生理學家巴甫洛夫認為：「暗示是人類最簡單、最典型的條件反射。從心理機制上講，它是一種被主觀意願肯定的假設，不一定有根據，但由於主觀上已肯定了它的存在，心理上便竭力趨向於這項內容。」真正內心強大的人，都習慣給自己積極的心理暗示。

阿里巴巴官方曾發表了一個名為《如果能穿越，你願意加入二十年前的阿里嗎？》的視頻。該視頻回顧了阿里巴巴每一個專案的創辦過程。即使一個已經知曉結局的人，也依然無法忍受重新開始，依然無法在當時的困境中堅持下來。

馬雲在進行業務推廣時，為很多人講解互聯網趨勢和電子商務的價值，卻不被理解，甚至在嘲笑聲中被掃地出門。坐在公車上的馬雲感嘆說：「再過幾年，北京就不會這樣對我了，你們會知道我是做什麼的，我至少把一個概念告訴了別人，我不成功，會有人成功的，我只希望中國人早點成功。」他不知道自己是否能成功，但他始終堅信走在這條路上的人一定會成功。

「再過幾年，北京就不會這樣對我。」即使在最無助的狀態下，馬雲也一直保持著對電子商務未來蓬勃發展的自信，依然給自己積極的心理暗示，這才是真正的內心強大。

一個積極的心理暗示，能夠將自信或成功的種子種進名為「潛意識」的土壞中，反之，消極的心理暗示也會使這片土地變得滿目瘡痍，讓自卑的心更加自卑。積極的自我暗示可以驅散我們內心的恐懼與陰霾，讓我們變得勇敢，不再在乎別人的負面評價。下面讓我們來看看，該如何利用積極的自我暗示來增強自信。

1.精練暗示語言

一定要精練暗示語言，避免冗長、邏輯性強的語言引發大腦思考，因為這會降低積極暗示的效果。比如使用「我行」「我能」，而不是通過各種依據論證自己的優勢。

2.肯定的表達方式

積極的心理暗示需要具有肯定性的表達方式，而不是否定消極。比如將「我不緊張」「我不自卑」轉換成「我很放鬆」「我很自信」。另外，避免使用將來時對自己進行暗示，而是要採用現在時，比如將「我能行」「我會快樂」轉換成「我行」「我快樂」。

3.恰當的暗示時間

心理學家表示：「當我們的大腦處於半意識狀態時，是潛意識最願意接受意願的時刻，用以進行潛意識的接收工作再理想不過了。」起床後、睡覺前是最佳的心理暗示時間，我們可以在睡前和醒後在床上多停留一會兒，放鬆全身，對自己進行積極的心理暗示，提高自己的自信。

4.反覆暗示

美國心理學家威廉斯說：「無論什麼見解、計畫、目的，只要以強烈的信念和期待進行多次反覆思考，那它必然會置於潛意識中，成為積極行動的源泉。」任何刺激潛意識的行為都不是一次成功的，只有不斷地給自己積極的心理暗示，我們的內心才會接受這種信號，從而變得自信。我們可以嘗試將積極的心理暗示語言，貼在自己每天都能見到的地方，每天在心中重複幾遍。

積極的心理暗示能夠提升我們的自信狀態，但是這是基於自我能力不斷提升的情況下。我們不能盲目自信，而是需要利用心理暗示帶給我們的積極作用，不斷改變心理狀態來提升自己的自信心。

擺脫消極想法，才能走出自卑

一名女生曾給作家三毛寫信訴說內心的煩惱：「我是一家報關行底層的辦事員，每天下班之後，面對物質和精神都相當貧乏的人生，覺得活著的價值，十分……對不起，我黯淡的心情，無法用文字來表達，我很自卑，請你告訴我，生活最終的目的何在……」署名「不快樂的女孩」。

三毛寫信回覆說：「從你短短的自我介紹中，看來十分驚心，廿九歲正當年輕，居然一連串用了底層、貧乏、暗淡、自卑、平凡、卑微、能力有限這許多不正確的定義來形容自己。不快樂的女孩，心靈也並不自由對不對？如果我是你，第一步要做的事，是加重對自我的期許與看重，將信中那一串又一串自卑的字句從生命中一把掃除，再也不輕看自己……享受生命的方法很多很多，問題是你一定要有行動，空想是不行的。下次給我寫信的時候，署名快樂的女孩，將那個『不』字刪掉好嗎？」

很多人會因為內心的自卑，認為世上一切美好的事物都與自己無關，從而不再認真照顧自己，對生活失去信心。甚至有時候，他們會為了弄清自己的價值盲目與他人比較，當對方的條件優於自己時，為了維護自尊心，而使虛榮和嫉妒心理得以滋生。

人們產生消極想法的原因有哪些？

1.生活的壓力

壓力是導致人們變得消極，對生活失去希望的一大因素。大量的負面資訊、生活中的瑣事、工作中的競爭等造成的壓力不斷刺激著我們脆弱的神經，隨之而來的就是對生活無止境的擔憂。

ABC新聞的主持人丹・哈里斯因從事高標準、高強度且富有競爭力的工作，經常感受沮喪和焦慮，甚至在一次新聞播報中出現了不受控制的情況。他曾在阿富汗等地做過前線採訪，他回憶說：「當自己坐在辦公室中時，腦海中無意識的惡意突然急速衝向戰區，就像夢遊一樣。」而這種消極想法，就是源自過度的投入和負能量。

2.過度思考

過度思考是指在大腦中反覆不斷地思考不同的選擇，試圖預測每一個選擇的結果，確保自己做出完美的選擇，避免錯誤和風險。

心理學家巴里・施瓦茨認為，一個人的選擇越多，就越容易出現焦慮、猶豫、不滿等消極情緒。更多的選擇只能讓你擁有更好的結果，而並不能為你帶來快樂。比如你打算買一件外套，你將面臨無數的選擇：「我是買一件運動的，還是休閒的呢？那款韓版潮流的不錯，可是這一件也很好啊。還是買休閒的吧，可是我不喜歡拉鍊的……」一個簡單的購買行為就會使我們忙得焦頭爛額。

3. 消極反芻

每個人都會出現消極的思想，這是一種正常的現象，但很多人會在腦海中不斷重複這種消極思想。這種行為，會使我們聚焦自己的痛苦，思考自己為什麼會如此痛苦，並幻想事態惡化後的結果，在不知不覺中，我們就已經成為自己眼中的失敗者。

那我們該如何擺脫消極想法，走出自卑呢？

1. 糾正認知

我們的認知經常會受到外界資訊的影響，尤其是在對抗或競爭中失敗的時候。**令我們感到自卑的往往不是事件本身，而是對這件事情的認知**。當對手做出的成績超越我們時，我們內心的挫敗感很容易導致心理失衡，從而低估自身的能力。原本我們擁有超越對方的實力，卻會因為自卑的心理而影響自身的發揮，甚至做出甘於現狀的逃避行為。

我們可以嘗試從現實角度出發，認真分析導致事情成功或失敗的根源，對它有一個更加清晰的理解。如此一來，我們就能夠避免出現消極的想法，將所有的失敗歸咎在自己身上。

2. 提醒自己

當我們對某件事出現消極的想法時，可以在意識中重複計畫好的思想，強化自己的動機，使自己的注意力集中。比如當我們在減肥的過程中，無法抵制美食的誘惑，打算放棄時，我們就可以告訴自己：我已經過胖了。而這種警示會讓我們瞬間清醒，降低內心的欲望。

3. 改正消極的習慣

很多人在面對某些情況時，總是習慣性將一些消極的想法灌輸進腦海中。當我們發現自己出現這種傾向時，應及時停止思考和幻想，將一些美好、積極的想法引入大腦中，從而改變自己的思維方式，糾正自己的思維習慣。

消極的思想會給我們的工作和生活帶來錯誤的引導，只有控制這種消極思想的出現，選擇那些積極、使自己充滿希望的信念，才能使自己擺脫自卑、沮喪等消極情緒和心理。

面對批評，練就一笑而過的豁達心態

美國國際集團的總裁布魯士，在接受採訪時，被詢問是否對他人的批評感到敏感，他回答說：「年輕時，我確實對別人的批評極其敏感，當時我渴求公司所有人的認可，承認我是完美的。如果他們不承認這一點，我就會很煩惱。為了取悅反對我的人，我往往會得罪另一個人，於是，我又需要安撫另一個人，結果大家都有意見。最後，我發現，我越是為了避免別人對自己的批評，需要我安撫的人就越多，得罪的人也就越多。」

人們無時無刻不在為批評感到煩惱和擔憂，一名妻子說，在她與丈夫討論的過程中，只要她對丈夫給出一點兒負面的評價，他就會變得特別氣憤，拒絕再和我交流；一名員工說，我特別害怕每一年的年終評估，與領導面對面溝通自己一年中的工作，擔心因某些原因遭受批評；一個朋友說，一個人對我講，你可以找到一個更好的工作。我懷疑他在侮辱我，看不起我現在的工作；一位陌生人說，在超市結帳的時候，因為買的東西很多，我不斷被排在身後的人催促，心情瞬間變得不開心……

卡內基在《人性的弱點》中寫道：「批評是危險的，因為批評傷害一個人寶貴的自尊，傷害他的自重感，並激起他的反抗。」人們為什麼會出現反抗的行為？心理學家表示，反抗是一種自我防禦機制，也是一種人的本能。

每個人或多或少都會存在一點兒自卑感，而批評恰恰會使人產生低人一等的感覺，加重內心的自卑感。一旦無法通過自我調節來消除這種自卑感，很多人就會為了維護自尊、維護自己的外在形象，對批評不予接受甚至反抗。拒絕和反抗像是一種逃避，能夠讓我們感受到暫時的安全感。

而且在批評程度較為嚴重，或者被批評者比較敏感的情況下，批評帶來的心理衝擊力會很大，以至於人們無法在短時間內緩解情緒。為了避免承受這種糟糕的心理體驗，人們也會避免受到批評，至少在心中不會接受批評。從本質上講，批評並不能直接影響我們的行為，但可以引發我們大腦中的消極思維。年齡越小，這種影響越明顯。心理學家和教育專家認為：「在童年時代長期遭受負面批評的孩子，成年之後，大多數人對批評會存在本能的排斥。」

蘇聯作家奧斯特洛夫斯基有一句名言：「**批評，是正常的血液循環，沒有它就不免有停滯和生病的現象。**」坦然面對批評，能夠讓我們變得更加成熟和強大。面對批評，我們要記住：

1. 多數批評無惡意

有時候，人們對某件事的看法與評價很難界定對錯，批評也只是立場和角度不同的結果。這就意味著很多時候，批評不過是不同觀點和看法的碰撞，並無惡意，不必太在乎。

2.在批評中提升自己

俗話說：「脊背上的灰自己看不見。」我們的缺點和不足就像脊背上的灰一樣，往往自己看不見，而旁觀者卻一覽無餘。如果別人批評得有道理，我們不妨認真反省，去改正自己的錯誤和不足，讓批評成為進步的階梯和動力。

3.切勿針鋒相對

當我們無端遭受指責和批評時，尤其是在公眾場合，眾目睽睽之下，為了維護自己的形象，我們很容易失去冷靜，通過反駁對方的批評以自證，滿足自己對虛榮的需求。雖然這種快意恩仇會使我們的心理得到極大的滿足，卻會使雙方之間關係逐漸疏遠，直至惡化，降低我們在他人心中的形象。不如退一步，給予對方足夠的尊重，樹立自己大度、理智、成熟的形象。

一個人的注意力越是集中，在批評表面的傷害和脆弱時，就越容易被衝動和自我懷疑所禁錮。我們要以一種坦然的心態面對批評，用內心的執著與追求超越眼前的表象，戰勝自身缺陷，使自己變得更加強大。

積累小的成功，放大自信的能量

一個人的成功體驗，是提升自信最直接、最有效的方法。如果你擁有一次成功演講的經歷，那麼當你再次站上講臺時，就一定會充滿信心。

美國共和黨領袖漢娜初登政治舞臺時，不知道該如何對群眾演講。他雖然有參加政治活動的野心，卻沒有拋頭露面的膽量，甚至在眾人面前無法開口說話。第一次演講時，他無法應對茫然、緊張的情緒，臉色發白，雙腿不停地顫抖。為了提升自己的自信，他決定放棄那些長篇大論的演講，每一次演講時都只做一些短暫的演說。事實證明，在不斷的成功中，他的自信不斷提升，他逐漸能夠在公眾面前毫不吃力地講上半小時，甚至演講最終成為他的專長，成為他快樂的源泉。

我們為什麼會缺乏自信？心理學家佛洛伊德認為，當一個人在童年時期遭受打擊、挫折，或者其他負面影響後，如果沒有及時引導，這種不自信感就會被壓抑到潛意識區域，進而在他成年之後，影響正常的人際交往和溝通。比如面對自己喜歡的異性，不自覺地緊張，患得患失；在社交場合，無論對方的回饋是好是壞，我們都會因缺乏自信而變得拘謹，錯失各種機會……

有一名釘椿工人說：「在做小事的過程中培養自信心，此後，自然也就可以把大事做好。而且，你要始終牢記一句話：『一屋不掃何以掃天下。』」這名釘椿工人最終成為了山達鐵路公司的總經理。

何為自信?心理學家班杜拉曾提出了「自我效能感」的概念，是指人們對自身成功完成特定任務的能力的評估，反映了人們對自己是否有能力應對外界挑戰的信念。

對於某一件事情而言，我們是否相信自己的能力，是否對這件事的結果產生積極的期望，對自身的追求和動力有著至關重要的作用。人天生存在一種惰性，希望待在舒適區內，做自己最擅長的事情，但一個人的成功取決於天賦、努力程度、時機等諸多因素，這也就意味著並不是只要足夠努力就一定能獲得成功。在遭遇失敗後，我們的負能量不斷增加，便會將失敗的原因歸結為自身能力的不足，在這種印象不斷累積的過程中，我們就變得越來越缺乏自信。

《人生十二法則》從生物學的角度解釋了這一現象：兩隻龍蝦因生存資源而競爭，勝利的龍蝦會分泌大量血清素和少量的章魚胺，而失敗的龍蝦恰好相反。血清素能夠使龍蝦更為自信和勇敢，而章魚胺會使龍蝦變得膽小、謹慎，失敗的龍蝦再次遇到勝利的龍蝦時，就會遠遠地躲在一旁。當實驗人員為失敗的龍蝦注入一定量的血清素時，它又會鼓起勇氣與勝利的龍蝦競爭。

作者彼得森認為，在競爭的問題上，龍蝦與人非常相似，當一個人獲得成功後，體內所分泌的「血清素」也能夠令他產生特定的心理反應。正如人們說的：「**自信就是成功經驗的積累。**」

自信源自成功事件的積累，那我們該如何通過不斷積累小的成功，提升自信心，使其成為一種自我激勵的能量呢？

1. 從每一件小事做起

我們可以嘗試選擇一項難度較小的任務，然後將任務的難度逐漸增加，通過不斷積累小的成功，使自信的能量不斷放大。在這個過程中，我們需要避免被不斷的小成功衝昏頭腦，如果尚未從難度頗低的任務中獲得足夠的經驗，便立刻著手於一項難度很高的任務，大部分人往往會受到自身能力和外部客觀條件的制約，導致遭受挫折。這樣反而會令那些消極的負能量有機可乘。

2. 選取成功的記憶

我們需要養成一個習慣——適當從自身記憶庫中選取自己充滿信心的片段。同時，將以往失敗的經歷和情感體驗從腦海中清除。有意識地回想曾經成功的經歷加以描繪，當我們在開始一項新任務時，可以通過喚起成功的體驗來提升自己的自信，無論這種成功是多麼微不足道。

3. 勇於承擔責任

一位哲人曾說：「**一個人的幸福程度，取決於他能夠在多大程度上獨立於這個世界。**」我們要知道，獨立意味著完整地承擔必要的責任，能夠憑藉自身能力承擔責任的人必然擁有強大的自信。在承擔責任的過程中，我們能夠更好地看到自己的價值，從而提升自我認同感，變得更加自信。

一些小的成功，可以幫助我們積累經驗，為走向更大的成功做好準備。當我們能夠將成功的習慣與自信的能量融為一體時，我們就會變得更加強大。我們不必忽視生活中的小成功，無論是多麼簡單的事情，我們都需要盡心盡力將它做好，讓這些小小的成就放大自信的能量。

活得高級的人，從不向別人證明自己

在網路劇《萬萬沒想到》中，王大錘與小美相愛後，因自身經濟條件遭到了小美母親的阻撓。面對小美母親的強勢，王大錘暗下決心，一定要「發憤圖強，升職加薪，當上總經理，出任CEO，迎娶白富美，走向人生巔峰」。他幻想著有一天，小美的母親哀求自己娶小美，並大聲說出：「今天的你對我愛搭不理，明天的我讓你高攀不起。」最終，王大錘希望為之證明自己的女孩，卻沒有等到他的成功。

這種拼盡全力想要證明自己的人，生活中比比皆是：熟人之間的暗中攀比，通過豪車鑰匙，來證明自己的成功與財富；通過青春靚麗的伴侶來證明自己的魅力；情侶之間的「重逢挑戰」，無論在工作、生活，還是情感方面都一定要證明自己優於對方……

很多時候，我們明明知道這種大費周章的自我證明完全沒有必要，甚至會越證明心裡越煩躁，但為什麼事到臨頭仍然控制不住自己？

當我們處於嬰兒階段時，會通過哭鬧來使自己的需求得到滿足，習慣性認為自己是世界的中心。隨著年齡的增長，我們的需求不再被隨時滿足，哭鬧也不行，為了回到那個時刻以自己為中心的環境，我們開始迎合身邊的人。比如父母認為自己不聰明，就努力學習；父母認為自己太貪玩，就幫助父母做一些力所能及的家務；為了獲得同學們的喜愛，就努力做一個樂觀幽默的人……

而隨著生理上的不斷成熟，閱歷不斷提升，尤其是成年後，我們會發現自己的存在感越來越低。同時，我們的心理需求卻變得更加強烈，渴望從心理上獲得最初的感覺。於是，我們開始傾向於向外尋求存在感，比如擁有權力、金錢，或者贏得讚揚，成為全場的焦點等。這種不斷渴望證明自己的行為，其本質是自我價值感和存在感缺失的體現。

可以說，很多人從小到大都在努力向別人證明自己，證明自己是一個值得結交的朋友，是一個好同事、好領導。結果，卻在證明自己的過程中迷失了人生的方向。就像德國精神分析學學者埃里希・弗洛姆在其著作《逃避自由》中表示的：「對於習慣於被他人安排的人來說，一旦獲得選擇自由時，反而會躲避、逃避自由，因為這意味著你將自己對自己負責。」

《月亮與六便士》中說道：「做自己最想做的事，生活在自己喜愛的環境裡，淡泊寧靜、與世無爭，這難道是糟蹋自己嗎？與此相反，做一個著名的外科醫生，年薪一萬鎊，娶一位美麗的妻子，就是成功嗎？我想，這一切都取決於一個人如何看待生活的意義，取決於他認為對社會應盡什麼義務，對自己有什麼要求。」**真正高級的活法是，明白自己所做的一切，不是為了讓別人看見，而是要按照自己的意願而活。**

人生不應該總是為了取悅他人，順應社會，而是應該以自我為主，為自己而活，遵從本心，在不違背既定規則的前提下，儘量讓自己感到快樂和滿足。那我們該如何放棄外界的證明，為自己而活呢？

1.喜歡就去做

人的一生何其短暫，千萬不要被外界的眼光束縛自己的腳步，我們要果斷一點兒，大膽地去做自己喜歡的事情：追求自己所喜歡的人，尋找自己所喜歡的工作，享受自己所喜歡的生活……即使最終未能完成我們的理想與追求，但至少我們曾經努力嘗試過。所以，喜歡就去做，不要總是試圖踏上一條他人眼中的康莊大道。

馬雲在參加各種商業活動或聚會時，大多時候都穿著普通的衣服，平常的午餐也是一碗麵。他從未在衣食住行上大肆炫耀來證明自己的富有，這就是一種從容與自信。

2.活出自己的價值

大多數人不斷地努力，不過是為了實現自己的價值，但我們的幸福和價值並不是通過比較而得來的，而是在不斷提升自己的過程中，感受到自己的成功和力量。當我們全身心地投入自己所喜歡的事業中時，才能體會最大的幸福，也就能活出自己的價值。

3. 認可自己

無論我們處於什麼樣的境地，都要學會認可自己，接受自己的所思所想，喜歡自己的靈魂。只有全心全意地認可自己，我們才能更好地感受這個世界，接納外界的惡意和不公，獲得屬於我們的那份幸福。

當我們不再努力向別人證明自己，當我們所做的一切都是為了自己時，未來才更加值得期待。

保持信念：念念不忘必有迴響

「念念不忘，必有迴響」出自李叔同的《晚晴集》，解釋為，如果一個人堅持自己最原始、最純真的夢想，就一定會有所收穫。《李叔同人生解讀》作者這樣解釋道：「世界是個回音谷，念念不忘必有迴響，你大聲喊唱，山谷雷鳴，音傳千里，一疊一疊，一浪一浪，彼岸世界都收到了。凡事念念不忘，必有迴響。因它在傳遞你心間的聲音，綿綿不絕，遂相印於心。」

現實中，很多人在工作和家庭穩定的時期，依然沒有放鬆神經，反而更加努力地去追尋自己的夢想。一位女士在休產假期間報考了珠寶鑒定師，開心地說：「我終於可以光明正大地買玉石翡翠了。」這些夢想深深地紮根在每個人的心中，一旦時機成熟，我們都可以蛻變成那個期待的自己。

一個人的信念，是指內心對自己的想法觀念以及意識行為，有著強烈且堅定不移的信任。心理學研究發現，一個人的心理和行為在很大程度上受到信念的影響與調節，在這個過程中，信念有著令人難以置信的力量。

心理學家鄧尼斯・庫恩在其著作中提及了一項實驗：一個死囚在吊死和放血中選擇了失血過多而死，他被綁在床上，眼睛也被蒙了起來。實驗者提醒說：「我們會將您的手腕血管切開，讓您的血一滴一滴流出來，直到死亡。」之後，用一把刀子的刀背在他的手腕處劃過，讓他清晰地感受到金屬刀具對自己的威脅，但並沒有劃破手腕。實驗者用與體溫相近的水代替血液，從他的手腕處滴落在地上，讓他聽到滴水的聲音。一段時間過後，死囚在這種情況下真的死掉了。

如果一個人總是不斷埋怨自己能力不足，就很難在人生中做出令人側目的成績。反之，若他在心裡不斷鼓勵自己，堅定自己的信念，那他獲得成功的機會就越大。這就意味著，當我們將信念引導向積極的方面，在面對各種困難和挫折時，我們的信念就會給脆弱的心理打一劑強心針，對我們的行動起到促進作用。就像《信念的魔力》一書所說：「信念是始動力，能夠產生把你引向成功的無窮力量：它往往驅使一個人創造出難以想像的奇蹟。」

內心保持一份信念，會讓我們擁有改變命運的勇氣。一個人的信念是對自我目標的渴望，讓我們懂得萬事依靠自己，持續激發自己的潛能，感受自身的強大。

信念是一個人的精神動力和行動指南，當一個人懷揣堅定的信念，肯定自我價值，輔以對成功強烈的渴望，那他的成功將勢不可當。那我們該如何樹立一個堅定的信念呢？

1. 相信信念的力量

信念是一種關於「信」的意念，需要我們對關於某些事物的判斷保持一種信任，相信信念能夠創造出巨大的力量和動力。就如尼采所說：「如果你知道自己為什麼活著，你就能忍受任何一種生活。

2.保持積極的態度

一個人之所以沮喪且悲觀，是因為他總是將注意力集中在生活中的各種不如意上。面對生活，想要保持一個積極的態度，就要不斷檢查自己的思想，讓自己的思想永遠站在積極的一面，讓懷疑、抱怨等負面想法沒有進入大腦干擾判斷的機會。

3.循序漸進地做事

永遠不要試圖一下子解決所有的問題。每個人都有自己的優勢與短板，我們要明白，有些事情並不是我們做不好，而是它們超越了我們的能力範疇。所以，我們應該挑選一些擅長且能夠完成的事情，在不斷提升自身能力的過程中，循序漸進。而且，每一次的成功體驗，都會幫助我們提高我們的力量，堅定內心的信念。

4.不要輕言放棄

當我們下定決心去做一件事情時，無論處境多麼困難，問題多麼棘手，我們都不要輕言放棄。只有盡自己最大的努力，頑強地堅持下去，才能夠翻山越嶺，披荊斬棘。

5. 在潛意識中強化信念

我們可以將自己所堅持的信念寫下來，放在最醒目的地方，讓自己每天都能夠看到，直到它成為自己潛意識中的一部分。

堅定自己的信念，才能在人生最困難的時候，依然懂得堅持。當我們擁有信念時，我們才會以更高的標準要求自己，直到實現了自己的目標。所以，一份積極的內心信念，是所有人力量的源泉。

第九章　轉化負能量，將虛榮引向正途

怕被人看扁，那就努力變強

不懂穿搭、收入不高、事業低迷等問題，本來是一些稀鬆平常的事情，但對虛榮心強的人而言，這就是天大的事。他們的關注點始終放在他人是否會因此看扁自己上，尤其無法容忍自己在公共場合出糗。

若一個人突然意識到自己遠遠不如內心所期待的模樣，或者周圍的人沒能以自己所期待的方式來認可自己，他就會出現焦慮或恐懼的情緒，而他會下意識用盡一切辦法來避免這些情緒。為此，他們往往變得極為敏感，將關注的焦點放在每個人的一舉一動上，體會對方的每一個眼神、每一句話，試圖發掘對方不認同自己的可能。然而，這種行為恰恰放大了他人對我們的負面評價，就像對自己說「千萬不要像一個北極熊」一樣，越是硬性要求，我們所回避的點在腦海中就會出現得越頻繁。

這種人常有著過於敏感的自尊心，表面上看是一種自尊，但本質上卻是一種骨子裡的自卑，總是以一種攻擊的方式來保護自身的價值感，而這種脆弱的自尊心也被稱為「玻璃心」。

如果一個人無法找到確認自身價值的依據，且缺乏對自我價值的認同，總是過於依賴外界的評價和認可，那他很大程度上擁有一顆「玻璃心」。而且，當一個人深陷低谷，這種擔心被人看扁的心理就會更加嚴重。他擔心別人嘲諷和輕視自己的現狀，擔心自己昔日的輝煌會成為別人眼裡的笑話。他寧願在低谷中墮落、沉淪，也不願向人求助。

比爾．蓋茲說：「這個世界並不會在意你的自尊，而是要求你在自我感

覺良好之前先有所成就。」與其擔憂被他人輕視，不如努力提升自己。當你變得強大，完成人生逆襲，誰又會瞧不起你呢？以下這些建議或許可以幫你轉化「負能量」：

1. 接受現實

如果你暫時處於人生低谷，不要盲目否認，急不可耐地去逃脫，更不要自欺欺人以獲得自我安慰。接納現實，努力調整好自己的心態才是解決問題的重點。我們要保持理性，儘量減輕自己的心理負擔，像接納不完美的自己一樣，接納自己的低潮。只有真正接納了低谷的現實，我們才能對自己的處境有一個真正的認識，才能有打破僵局、重返巔峰的動力和勇氣。

2. 刻意練習

心理學教授安德斯・艾利克森博士以不同領域的專業人才作為對象，進行了長期的觀察和研究。隨後，他提出了「刻意練習」的法則。在著作《刻意練習：如何從新手到大師》中，安德斯對「刻意練習」的定義是：學習者進行長期的、有目的的重複練習，並建立起穩健、積極的心理表徵，同時對練習的回饋進行回應，以持續改進技能、強大自身。

刻意練習能讓一個人展現出從未有過的良好表現，關鍵在於其帶有明確的目的，全程努力而專注，且包含著積極的回饋，並且能不斷給自己設置新的挑戰，逐級向上躍升。

3. 立即去做應該做的事情

《當下的力量》這本書裡描述了一個情景：明明有事急需處理，你卻待在樹林裡偷懶。這時，你一面糾結無比，一面又抑制不住地偷懶，心情變得極其焦躁不安。

與其糾結明天要不要辭職，不如先靜下心來，完成手上正在拖延的工作；與其長吁短嘆地抱怨著不如意的現狀，不如先將自己這一天的工作任務安排好，完成一項任務便從任務清單上畫去一項……越是胡思亂想、無所事事，就會變得越來越浮躁。

網上流行的那句話「不怕別人比你有天賦，就怕比你有天賦的人比你更努力」，在這裡可以改為：「不怕被人看扁，就怕你不肯努力。」唯有每天進步一點點，才能改變自己不滿意的處境，最終改變別人對你的看法。

在嫉妒中把自己變得更好

嫉妒是一種十分常見的心理。在學習中，我們會嫉妒那些成績名列前茅的同學；在社交中，我們會嫉妒那些擁有很多優秀、多金的異性朋友的人；在工作中，我們會嫉妒那些平時沒有我們努力，工資卻是我們幾倍的人……總之，我們往往會過於關注一些出眾的人，導致自己心理失衡。然而，適當的嫉妒能夠為我們提供追求美好的動力。

古雅典有一位名叫德摩斯梯尼的雄辯家。他天生口吃，而且嗓音微弱，在公民大會上發言時經常受到人們的嘲笑，因此，他非常羨慕和嫉妒站在演講臺上滔滔不絕演講的雄辯家。

在古雅典，無論是在法庭、廣場，還是在公民大會上，聽眾的要求都很高，演說者的每一個不適當的用詞都會引起全場的譏諷和嘲笑，更何況是口吃的問題。但是，他並沒有因自身的缺陷而放棄這個夢想，反而因理想與現實中的差距激起了自己的好勝心。

他跟隨雅典著名演說家伊塞學習演說術，為了使自己的聲音變得洪亮，他每天清晨對著大海大聲朗誦；為了糾正自己的口吃，他每天含著小石子朗讀；為了增加肺活量，他堅持在陡峭的山路上攀登；為了增加自己的知識量，他抄寫了很多遍《伯羅奔尼薩斯戰爭史》……經過十多年的磨煉，他終於成為一名雄辯家。

心理學家認為，嫉妒心理的產生，源自我們潛意識中出現了自己應該與相似的人取得類似成就的錯覺。當對方超越我們時，理想與現實不一致所導致的落差就會讓我們感到一種壓力，並產生一種為了打破這種平衡而出現的心理狀態。

因嫉妒產生的心理狀態存在兩種：一種是見不得別人超越自己，既然自己無法達到某種高度，也不能讓其他人超越自己；另一種是容不得別人超越自己，既然對方能夠獲得某種成就，那我就應該超越對方。

電影《西西里的美麗傳說》中，小鎮裡女人們的行為就是第一種嫉妒心理的真實寫照。女主角散發著超乎常人的魅力，吸引了鎮上所有的男人。小鎮上的女人對她充滿了嫉妒，在周圍的小鎮惡意散播關於她的流言。當女主角失去了依靠，生活越發黑暗時，女人們幸災樂禍地看她的笑話。最終，女主角慘遭毀容，失去了那副魅惑眾生的面容。

盲目的嫉妒，使人的情緒被怨恨和敵意佔據，而我們的認知也會隨之收集更多關於對方負面的資訊，以此打擊對方。但這種嫉妒心理很容易使人們迷失方向，最終墜入深淵。

嫉妒他人，就意味著我們存在想要變優秀的渴望。如果我們能夠合理地調節、控制自己，將嫉妒轉化為前進的動力，將注意力轉移到自身的能力提升上。就如英國哲學家羅素所說：「**在難免產生妒忌的地方，必須用它去刺激自己的努力，而不阻撓對方的努力**。」

嫉妒是一種心理能量，如果我們能夠合理地利用這股能量，將其轉化成動力，就能獲得很大的自我提升。那我們該如何合理地看待內心的嫉妒呢？

當我們出現嫉妒心理時，我們首先要明確自己嫉妒的「點」是什麼。如果我們嫉妒他人天生的優勢，比如出身、相貌等方面，與其庸人自擾，不如坦然地面對自己無法改變的事實。如果我們嫉妒他人後天的成就，可以嘗試挖掘自己不如人的根源，提醒自己加倍努力，以對方為目標，將嫉妒轉化為動力，努力提升自己的能力。為自己設立一個明確的邊界，掌握能夠掌控的因素，忽視邊界之外無法控制的因素。

嫉妒心理人人都有，是一種正常現象。很多人不願意承認自己的嫉妒，是擔心此類行為損害自己的形象。我們不需要為嫉妒心理的產生而感到內疚和自責，專注於積極面對嫉妒心理產生的負面情緒即可。所以，當我們因與他人產生了差距而心生怨恨時，不妨告訴自己只不過是產生了嫉妒心理罷了，並坦然接受嫉妒所帶來的負面情緒。

與其將自身精力浪費在詛咒別人「爬得越高，摔得越慘」，不如將注意力轉移到自身所擁有的天賦和資源上。你會嫉妒，是因為你察覺到了自己與對方在能力或其他方面存在著差距，而不斷地努力提升自己，才能縮小你們之間的差距。

盲目的嫉妒，使我們將他人的擁有的一切作為自己的目標，活在對他人的追求之上，迷失了自己。即使我們通過超越他人，滿足了自己的虛榮心，獲得的幸福感也會少得可憐。我們應該將嫉妒轉化為激勵，直面負面情緒，接納不完美的自己，讓自己成為情緒的主人，以他人為目標，踏浪而行。無論財富的多寡，如果無法正確看待嫉妒，就會逐漸沉浸在嫉妒中，沒有滿足也沒有目標，直至耗光了自己最好的年華。

想要的，就努力去爭取

社會學家歐文・戈夫曼在《日常生活中的自我呈現》中寫道：「在我們的日常交往和生活中，人人都是表演者。」生活中永遠不缺少在朋友圈中「曬」各種精緻生活的人，我們不能否認確實有些人的生活品質已然站在了那種高度，但大多數的「精緻生活」，完全就是表演給所有人看的。

從一個年輕白領的朋友圈中看，她是一個懂得享受生活的人，衣服、鞋子、包包、化妝品等用品一定要走在時尚的前沿，對香奈兒、愛馬仕、LV等奢侈品品牌如數家珍。法國輕奢風的臥室裝修，復古棉麻的碎花窗簾和桌布，花瓶裡每天更換的鮮花……她所發佈的每一張照片，一定具有獨特的視角，後期處理堪稱專業。但實際上，她的家庭很普通，由於對工作十分挑剔，頻繁跳槽，導致經濟能力一般，父母的經濟支援也無法支撐起她的生活，反而耗光了家庭的所有存款。一張張「精緻生活」的照片背後，寫滿了她的任性和虛榮。

炫耀是人的本性，但凡事過猶不及。很多人總是通過偽裝、作假，不停地告訴世界「我是精緻的」，對他們而言，生活的意義彷彿就只是滿足內心對他人注目的渴望。但這種生活就像一隻包裝精美的盒子，外觀與設計無與倫比，盒子中卻空空如也。

心理學研究表明，被需要、被認可、被尊重是人的根本需求之一。一個人假裝精緻，經常在朋友圈中炫耀自己虛構的生活，不過是刻意放大了這種需求，導致了虛榮心理的產生。在這類人眼中，獲得所有人羨慕、嫉妒的眼光才是人生中最大的樂趣，當他們的能力無法支撐起自己的欲望或炫耀需求時，就只能通過在朋友圈中偽裝出一份「精緻」，來滿足他們想像中的眾星捧月。

然而，通過偽裝達到的「精緻」，往往並不會引起他人的尊重和羨慕，反而會貽笑大方。宮崎駿在漫畫《貓的報恩》中寫道：「你不能等待別人來安排你的人生，自己想要的，自己爭取。」

所以，我們可以活得精緻，但前提是一定要平衡好消費和經濟能力之間的關係，不能表面風光，背後負債累累。既然我們渴望這種精緻的生活，不妨努力去爭取，何必在虛偽的生活中自欺欺人呢？

我們都希望他人能夠看到我們美好的一面，但不要因為這種虛假的「精緻」毀了我們的生活。努力爭取自己想要的生活，往往比這種虛假更有意義。

網上有句話叫：「成功有時候不在於你有多努力，而在於你選擇的方向。」當我們渴望獲得像他人一樣精緻的生活時，不妨將其作為努力的方向，只有明確了自己的目標，才能更有動力地追求自己的理想。同時，設定切實可行的計畫，循序漸進，逐步提升自己的能力和經濟條件，當我們擁有足夠的實力時，渴望的精緻生活才會離我們越來越近。

我們所渴望的理想生活與現實難免存在一定的差距，這也就意味著我們會面臨更大的壓力，來自生活、工作，甚至是家人、朋友的壓力，像枷鎖一般禁錮著我們，影響我們前進的腳步。而且，五彩繽紛的世界充滿了誘惑，安逸、放縱等都在向我們招手，企圖將我們的追求在享受中消磨殆盡，導致失去前進的動力。所以，我們一定要保持一個清醒的頭腦，不畏懼於壓力，不屈服於誘惑，朝著自己的期望，努力前進。

把缺陷變成獨特的優勢

很多人在困難和挫折面前容易灰心喪氣，如果自身存在某種缺點，就更無法正視自己，認為自己永遠比不上別人，只能坐以待斃。但是，無論缺陷也好，弱點也好，都不是我們前進路上的阻礙，而是一種逃避的藉口。就算我們擁有最好的條件，沒有勇氣直面遠方，優勢也會變成劣勢。

一名十歲的小男孩在車禍中失去了左臂，他在很長一段時間內都無法適應沒有左臂的生活，變得十分自卑。父親為了幫助他走出陰影，將他送到一家著名的柔道館，開始學習柔道。

在三個月的練習中，柔道師父只教了他一招，男孩不解地問道：「我是不是應該再學學其他的招數？」師傅回答說：「你的確只會一招，但你只需要會這一招就夠了。」

幾個月之後，男孩跟隨師父去參加比賽，輕鬆地贏下了前兩輪。在第三輪時，男孩依舊憑藉那一招贏得了比賽，進入了決賽。決賽的對方十分強壯，比賽經驗十分豐富。在對抗過程中，男孩顯得有些吃力，裁判擔心男孩受傷，暫停了比賽，並試圖說服師父放棄比賽，卻遭到了拒絕。比賽繼續進行，男孩抓住機會，果斷使出自己的那一招，贏得了比賽。

在回家的路上，男孩詢問說：「為什麼我能夠憑一招就贏得冠軍呢？」師父回答說：「因為你已經掌握了柔道中最難的一招，而且對付這一招的辦法，只有抓住你的左臂。」此時，男孩終於意識到，自己的缺陷變成了自己最大的優勢。

無法正視自身的缺陷是虛榮心理產生的誘因。因為自尊的存在，大多數人會試圖通過一種虛假的方式來保護自己的自尊，而這也就導致人們為了避免因自身缺陷破壞自己在他人心中的良好形象而出現一些極力掩飾自身缺陷的行為，比如盲目攀比、表現欲強、過分討好等。

過分關注自身的缺陷，只會無端增加我們的心理負擔，讓理想與現實之間的差距變得更加明顯。長此以往，我們會在這種缺陷的牽絆下變得越來越自卑，而為了掩飾這種心理上的缺陷，我們又不得不通過追求浮華來加以掩飾。

卡內基說：「我們最大的弱點，也許會給我們提供一種出乎意料的助力。」當我們能夠正確而全面地認識自己時，就能夠通過有效地利用劣勢，將其轉化為優勢。

1. 保持樂觀的心態

俗話說：「金無足赤，人無完人。」即使再優秀的人，也難免會有缺點和不足，這是客觀存在的。我們應保持一種樂觀的心態，理性看待自己的缺點，不必將其看作洪水猛獸，極力偽裝和掩蓋。同時，我們需要對自己的缺點有一個清醒的認知，避免其對自己的行為產生影響，對現實生活造成破壞。比如因在意他人的眼光而頻繁跳槽，導致在事業上一事無成；因自身缺陷導致放棄努力，消極怠學；因擔憂輿論的壓力，放棄對愛情的追求，等等。

2.將缺點應用到合理的範圍

如果我們換一個角度，轉化關注焦點，所看到的世界就會發生變化。任何事情都具有兩面性，有消極的一面，自然也會有積極的一面。我們可以嘗試將自身的缺點應用到合理的環境和範圍，利用積極的一面將缺點變成優勢。

比如一個孩子因發育缺陷導致身材矮小，經常遭受周圍人的嘲笑。但是，他卻可以穿越狹窄的空間，為搜查救援工作提供幫助。在特定的環境中，身材矮小的劣勢也會成為常人無法企及的優勢。

3.愛上自己的缺點

常人眼中的優缺點，不過是將大眾的審美和觀點作為評判標準，並不證明它們在我們這裡就真的一無是處。我們往往過度注視自己的缺陷，並且久久無法釋懷，這樣就很容易導致它成為我們前進路上的絆腳石。其實，無論缺點還是優點，適合自己的才是最好的。

一個人的缺陷就像一片白卵石中的黑金一樣，雖然經常被嫌棄，但一旦遇到陽光就會閃耀出令所有人驚歎不已的光芒。

越能放下面子的人，發展得越好

在高等教育越來越普及化的今天，大學生畢業找不到工作成了常見的事情。很多大學生只是著眼於那些高薪且有面子的工作，寧可在家啃老，也不願去做那些自認為沒有面子的事情。而實際上，有時候我們如果放下面子，反而會獲得他人的尊重。

美國猶他州的一位小學校長路克，為了激勵全校師生的閱讀熱情，公開做出承諾：「如果你們在十一月九日前讀完十五萬頁書，我將在九日那天早上爬著來上班。」路克的豪言轟動了全校，所有的師生都加入了閱讀的隊伍，最終在十一月九日前讀完了十五萬頁書。

存心看熱鬧的人給他打電話：「你爬不爬，說話算不算數？」也有人勸慰他說：「你已經達到激勵學生閱讀的目的，何必再這麼認真呢？」路克回答說：「一諾千金，我一定要爬著去上班。」

在十一月九日的清晨，路克離開家門，開始向學校爬行。為了避免妨礙交通，他選擇在路邊的草地上爬行，過往的汽車紛紛向他鳴笛致敬。經過三個多小時的爬行，他終於爬到了學校，全校的師生夾道歡迎校長，孩子們蜂擁而上，擁抱他，親吻他，像是在迎接一位凱旋的英雄。

在很多人看來，這是一件十分丟臉的事，但在誠信面前，路克放下了自己的面子，甘願履行承諾。這一舉動不但沒有被他人嘲笑，反而贏得了所有人的尊敬。很多人在生活中總是為了面子而違背自己的本心。**人生最悲哀的事情，莫過於為了「面子」，而丟掉了「裡子」**。當我們真正地放下面子去面對生活時，我們就會發現其實大多數人都會喜歡真實的我們。

「要面子」從心理學角度來講，它是一種過分追求虛榮的性格缺陷，是一種極度扭曲的自尊心。每個人都有自尊心，只不過人與人的自尊程度不同，渴望從他人的評價中得到對方的尊重，獲得榮譽，是一種合理的需求。但過分強調自尊，就會催生出虛榮心理，追求虛假的、自我幻想中的榮譽。

法國作家尤瑟納爾說：「世界上最骯髒的，莫過於自尊心。」對很多人而言，自尊心逐漸成為一個人脆弱、自卑和敏感的藉口，在影響自我價值認可的同時，不斷對自己做出暗示：暗示自己不能打破其身分、財富等帶來的優越感，破壞自身形象。比如，一位大學生能吃苦，但在面對一份環境差、薪資高的工作時，卻依然會選擇守著自己體面卻穩定的工作。他們更多會擔心自己接受了那份工作，會被身邊的人看輕甚至嘲諷。

面子並不是與生俱來的，也非偶然間獲得的，它是一個人在經歷無數挫折與失敗後所取得的成果。如果我們一味愛慕虛榮，看重虛名，只能是「死要面子活受罪」。

放下面子是一種生活的智慧，放下的是面子，捨棄的是虛榮，得到的是真正的尊嚴。所以，我們要正確看待自己的「面子」。

1. 量力而行

很多人為了使自己在他人面前更有面子，經常會做出一些超出自身能力範圍的事情。比如追求奢侈品、專車接送等。但這些行為給我們帶來的不僅是毫無價值的「面子」，還有沉重的經濟負擔。對於衣食住行而言，我們沒有必要為了滿足自己的虛榮心而過度追求面子，衣服整潔合身、食物乾淨衛生即可。

2. 提升自己

當我們自身的實力強大之後，才能擁有所謂的面子。這就需要我們不斷地去努力，在我們獲得成功之前，不必擔心丟了面子。就像擺地攤等看似低端的事業會讓我們感覺沒有面子。所以，努力提升自己，當我們的身分、地位、經濟能力有了一定提高時，才能感受到自己的面子。

3. 不要過於看重面子

不要將面子看得過重。我們擔心出醜而遭受他人的嘲笑，但實際上每個人都在專心忙碌自己的事情，沒有人會時刻關注我們。比如當我們在大街上突然摔倒時，本以為會被他人嘲笑，但每個人依然行色匆匆，甚至很多人還會向你伸出援手。更多時候，丟面子不過是我們一廂情願的想法，過於看重面子反而會使我們變得敏感多疑。

馬雲說：「當你只愛所謂面子的時候，說明你這輩子也就那樣了。」只有真正地放下面子，才能活得瀟灑、自在，才能放下日常中的瑣事和顧忌，在人生的路上盡情馳騁。

做自己的英雄，不只為了掌聲

古人言：「芝蘭生於深林，不以無人而不芳；君子修道立德，不謂窮困而改節。」我們內心的嚮往與追求，不應該因世人的眼光而改變，人生的意義絕不在於獲得他人的讚譽，也不在於躲避他人的嘲笑，而在於我們真正追求的東西。即使沒有掌聲，我們也要做自己的英雄。

《平凡的世界》中，孫少平想要去外面的世界看看，堅持離開了雙水村，而哥哥孫少安只能獨立支撐起貧寒的家庭。即使在孫少安的磚窯人手短缺的時候，孫少平依然沒有返回家鄉。在所有人的眼中，他只是一個為了自己而不管不顧的浪子，但他在離開之前，已經取得了家人的支持，而且在黃原工作的時候，無論吃了多少苦，都不肯向家人訴說，當拿到工錢時，他也不曾亂花，總是寄往家裡。孫少平讀了很多書，知道了雙水村外還有一個更大的世界，他渴望著這個世界，卻依然用自己的方式愛著這個破敗不堪的家庭。

電影《哪吒之魔童降世》中，申公豹告誡敖丙：「人心中的成見是一座大山，任你怎麼努力都休想搬動。」這是他一生都無法跨越的痛苦與心結，而身為魔童的哪吒同樣背負著這座大山。對他們而言，成見源自人們對妖、對魔的偏見，而對我們而言，則是一個人的出身、缺陷等。為了翻越這座大山，很多人選擇偽裝自己、迎合他人，只為博取他人對我們的認可，滿足內心的虛榮。但一個人的價值不會被外界的評價所限制，就像電影中的哪吒一樣，雖然被成見所傷，卻依然成為人們的守護者。

每個人都渴望被讚美、被肯定，但很多人卻將這種讚美看作一種對自己的救贖，因為我們在不斷被指責、被比較、被拒絕、被否定的過程中，喪失了確認自己價值的能力。而外界的認可成為我們身分認同的唯一管道。在我們眼中，別人印象中的自己才是真實的自己，於是，我們就會不顧一切地維護這一形象。

我們一面追求著高效率、高成就的工作和生活，一面在自己構建的幻境中尋找自我價值。當別人對我們認可、讚美時，我們會覺得自己是一個成功的人；而當別人對我們否定時，我們變得焦慮、迷茫，彷彿一切自我都完全依賴於外界。我們的相貌、穿著、財富、地位都是向他人，也是向自己證明自己的依據。我們所渴望的認可、尊重和讚美也逐漸變成畢生的追求，它滿足了我們的虛榮心，為我們帶來了快樂。但長此以往，我們對自我失去了接觸，從而無法相信自己，並喪失了感受和表達自己的能力，即使生活依舊，我們也只是活成了別人眼中的樣子。

《穆斯林的葬禮》中說：「在陌生人中孤獨地旅行，不是為了尋找謀生的路，也不是尋找愛，而是尋找自己。」鮮花與掌聲不過是人生中的點綴，何必過於在意呢？我們所追求的是心中的夢想，若因掌聲迷失自己的方向，豈不是捨本逐末？一個志在巔峰的人，絕不會被山腰上的花朵牽絆住腳步。

胡建庚是一位醫生，突如其來的疫情讓他顧不上家庭，也顧不上自己的身體，果斷奔赴一線。他說：「疫情就是命令，奔赴疫情一線從未懼怕和後悔，我是傳統醫學繼承者，當新冠肺炎發生後，就希望能為社會做點什麼，醫院剛好給我這樣的機會。」

忙碌的工作讓他成為女兒嘴裡的「騙子」，他每一次承諾的馬上回家卻總是無法實現。胡建庚心酸不已，對女兒十分愧疚，但他依然堅持奮鬥在一線，毫不鬆懈。他表示：「作為醫院平凡崗位上的一員，認真履行職責，做該做的事情，做對的事情。在這場疫情中，看到全國的醫護人員都在戰鬥，醫院很多同事也都積極申請到防疫一線工作，我只是其中的一員，很高興能為抗擊疫情貢獻自己的一份力量。」

生命的意義在於提高自己，讓自己的價值得以實現。不必成為別人眼中的英雄，努力追求自己的理想，即便在所有人眼中我們只是一個鼓掌的人，也並不妨礙我們做自己的英雄，而掌聲也是為自己而鼓。

我，真的比不上嗎？——虛榮心理學

作者：李少聰
發行人：陳曉林
出版所：風雲時代出版股份有限公司
地址：10576台北市民生東路五段178號7樓之3
電話：(02) 2756-0949
傳真：(02) 2765-3799
執行主編：朱墨菲
美術設計：吳宗潔
業務總監：張瑋鳳

初版日期：2024年2月
版權授權：蔡雷平
ISBN：978-626-7369-36-4

風雲書網：http://www.eastbooks.com.tw
官方部落格：http://eastbooks.pixnet.net/blog
Facebook：http://www.facebook.com/h7560949
E-mail：h7560949@ms15.hinet.net
劃撥帳號：12043291
戶名：風雲時代出版股份有限公司

風雲發行所：33373桃園市龜山區公西村2鄰復興街304巷96號
電話：(03) 318-1378
傳真：(03) 318-1378
法律顧問：永然法律事務所 李永然律師
北辰著作權事務所 蕭雄淋律師

行政院新聞局局版台業字第3595號 營利事業統一編號22759935

定價：340元

國家圖書館出版品預行編目資料

我，真的比不上嗎？——虛榮心理學 / 李少聰著.
-- 初版. -- 臺北市 : 風雲時代出版股份有限公司,
2024.01　面；　公分

ISBN 978-626-7369-36-4 (平裝)

1.CST: 心理學 2.CST: 通俗作品

170　112019706